"十三五"国家重点出版物出版规划项目

图解服务的细节

054

店长促销烦恼急救箱

行列ができる「売り方」お悩み相談所

[日] 竹内谦礼 著
赵小平 译

人民东方出版传媒
People's Oriental Publishing & Media
東方出版社
The Oriental Press

图书在版编目（CIP）数据

店长促销烦恼急救箱 /（日）竹内谦礼 著；赵小平 译. — 北京：东方出版社，2016.11
（服务的细节；054）
ISBN 978-7-5060-9335-4

Ⅰ.①店… Ⅱ.①竹… ②赵… Ⅲ.①促销—基本知识 Ⅳ.①F713.3

中国版本图书馆CIP数据核字（2016）第271326号

服务的细节054：店长促销烦恼急救箱
（FUWU DE XIJIE 054:DIANZHANG CUXIAO FANNAO JIJIUXIANG）

作　　者：［日］竹内谦礼
译　　者：赵小平
责任编辑：崔雁行　高琛倩　王高婷
出　　版：东方出版社
发　　行：人民东方出版传媒有限公司
地　　址：北京市东城区东四十条113号
邮政编码：100007
印　　刷：北京楠萍印刷有限公司
版　　次：2016年12月第1版
印　　次：2016年12月第1次印刷
印　　数：1—6000册
开　　本：880毫米×1230毫米　1/32
印　　张：6.875
字　　数：134千字
书　　号：ISBN 978-7-5060-9335-4
定　　价：38.00元
发行电话：（010）85924663　85924644　85924641

目录

第 4 章 烦恼之四——公司内部体制、新商业模式

第 5 章　烦恼之五——网络商业模式

前言

前几天整理邮箱的时候，我顺便数了一下一年来自己究竟接受了多少有关经营和销售方面的咨询案例。

结果发现，一年来一共接受了将近 2000 个咨询案例，我通过邮件、电话或者直接见面的方式，基本上对所有咨询进行了解答。另外，还有针对企业经营进行的答疑，虽然具体的答疑数量没有确认过，但我认为在同行中，我的答疑数量应该是比较多的。

之所以会有这么多的答疑数量，是因为我作为企业营销顾问所提供的商业模式。

我主要提供会员制咨询服务，会费低廉，每天都会有会员发邮件进行咨询，也有会员打电话，让我对其进行单独指导。虽然不同时期会员数量会有变化，但基本上保持在 180 家左右。再加上个别签订咨询合同的企业会经常找我咨询、演讲或者讨论会结束后还要进行答疑等等，基本上我每天都过着与企业经营、销售相关的“Q&A（问与答）”的生活。

当然，我也知道，像其他营销顾问一样，与企业单独签订咨询合同或者举办高额会费的研讨会的话，工作效率会高很多。

但是，我认为：尽可能接触更多的实际案例，尽可能提供更多的解决方案，这才是营销顾问存在的“价值”。而且，我认为对众多会员进行答疑指导，正是营销顾问的使命所在。所以，虽然工作很辛苦，但我依然甘之如饴。

而且，正是因为这份工作，我才能够针对更多的疑问进行实际解答，才能够获得更多的“经验”和“技巧”，这些都是金钱换不到的宝贵财富。曾有会员对我大发雷霆，也曾有会员与我分享喜悦，在不断的磨合过程中，我接触到越来越多的商业类型，也提供了各种各样的解决方案，逐渐成长为一名经验丰富的市场营销顾问。

只要不是极为特殊的商业模式或者极为棘手的问题，基本上针对所有的咨询内容，我的头脑中都有相应的答案。甚至可以说，我比任何一个营销顾问都能更迅速做出切实回答，给出具体建议，对此我极为自信。

因此，我接受了《日经 MJ》的邀请，撰写关于“销售烦恼咨询所”的连载，历时一年半，主要撰写营销方面的“Q&A”。

于是，每周我都会选取一些我认为极具代表性的内容，比如“这个问题经常有人咨询”“看了这个答案，营业额肯定会上涨”等“Q&A”，刊登在《日经 MJ》上。

一般来说，经营者和销售者的烦恼，基本已经模式化。虽然商业类型千差万别，但是吸引顾客前来购买的“宗旨”却是相同的。所以基本上大家咨询的内容十分相似，我的回答也不尽相同。

因此我相信，看完本书的“Q&A”之后，大家有关销售方面的问题，80% ~ 90% 都能得到解决。

本书由 5 章构成，共有 63 个“Q&A”，涉及内容从如何吸引顾客到网络销售、实物销售等多个领域。

即使是觉得“与自己关系不大”的内容，随着阅读的深入，势必也会引起您的共鸣。

销售现场的经营者以及员工们，只要能耐心读完本书，我相信您一定会有所收获！

竹内谦礼

第 1 章

烦恼之一——如何吸引顾客

“顾客不上门……”

背街如何吸引顾客？

问1 我经营一家药店，但是位置背街，很难吸引顾客，请问有没有什么好办法？

如果把店铺开在人流较少的地方，作为销售策略，店内应该摆放“必要的商品”，而不是“想要的商品”，方为上策。

以您经营的药店为例，如果想要吸引更多的顾客，就不应该只是摆放各种各样的药品，而应该锁定具体目标，比如“专治代谢综合征”“工薪阶层指定药店”等，以这样的理念经营才能提高药店集客力。在制定店铺理念时，一定要调查清楚该地区人口数量、人们的工作性质以及周围竞争对手的情况等，要找到自己的“优势”，成为所在商圈的“Number 1”。

制定店铺理念时，一定要让顾客感到店铺存在的“高度必要性”。理念制定完毕后，接下来就要在“集客”上下功夫。越是地段不好的店铺房屋租金越能压下来，索性就把这部分省下的费用当作广告费，用来吸引顾客。开业之初就应该尽可能做出广告预算，这一点一定要牢记在心。

集客方法有两种，一是在报纸里夹广告单，实施“夹入广告战略”；一是在车站前等人来人往的地方亲手发放传单或者打折券，实施“散发传单战略”。实施“夹入广告战略”时，不应该只在报纸里夹入广告，还可以向当地杂志投稿，同时，当地的广播、广告牌、电话本等，都包含在此战略之中。尤其是地方杂志，其中的广告版作用不容小觑，因此可以设置一个连载或者“答读者问”专栏，定期在杂志上露脸，此种方法值得推荐。另外，如果实施“散发传单战略”，一定要发放打折券、免费券，而且不能让临时工去发，而要让正式员工或者经营者亲自发放，这样才能提高集客效果。

地段不好店铺的集客方法

主要集客方法	内 容
促销广告	醒目的广告，把想说的话压缩成一句
制定理念	突出店主性格，解决顾客烦恼的服务最有效果
发放打折券、免费券	定期发放，能放入钱包的打折券最理想
邮寄广告	目标1000份以上，但邮件杂志效果一般

通过以上方法，将顾客吸引到店铺以后，接下来就应该强化待客能力和商品竞争力，为此可以召开免费的座谈会等。制订销售计划时要多想办法，争取掌握来店顾客的地址、姓名等。顾客来店后，就要想办法锁定那些可以通过邮寄广告的方式进行联系的顾客，做不到这一点，地段不好的店铺就无法增加回头客。因此，最重要的就是长期实施“夹入广告战略”和“散发传单战略”，努力获得新顾客，持续邮寄信件广告，坚持不懈地把新顾客培养成为优良顾客。

也许有人觉得这个方法不靠谱，但是，一旦在商圈里确立了店铺的理念，即使固定成本较少，也可以打造一个既能吸引顾客、盈利率又高的店铺。如此花费时间和功夫、并能成功吸引顾客的店铺，最大的特征就是竞争力强。

这样看来，是不是可以这样说：地段不好的店铺反倒比地段好的店铺拥有更加强大的潜在商机呢！

不花钱就能卖东西

问2　我开了一家餐馆，由于资金不足，无法采取刊登广告或者发放传单等需要花钱的促销方式。请教不花钱的促销方法。

作为不花钱的集客战略，我推荐这样一种方法：从亲人、朋友、客户等与自己有联系的人入手，实施“熟人战略”。这种方法虽然原始，但是时间短、成本低，还能吸引到顾客，可以说是促销效果较好的战略之一。也许有人会觉得“太不好意思了，我可没法找熟人”，但事实上，像卖汽车、卖保险等大额消费，很多都是从“卖给熟人”开始的。尤其是放大假或者年末、年初的时候，与熟人见面的机会较多，如果送给熟人几张餐饮店的广告或者打折券的话，一定会收到不错的效果。

跟熟人做生意的时候，记住一定要强调这是“员工折扣”，一定要告诉对方“这比普通的打折券折扣高多了”，这样才能给对方留下强烈印象——这是“限定”的！而且，如果把“员工折扣”用较大字体印在打折券或者广告上再去发放，就会更有说服力，会让对方觉得“好不容易有了员工折扣，不用的话太可惜了”。

除此以外，在车站前亲自发放广告，亲自去店铺周围的居民区或者企业登门拜访等等，也是不用花钱就能吸引顾客的有效方法。

“花钱的促销方法”是指能够大量发布信息的方法，“不花钱的促销方法”则与之相反，需要对信息量进行压缩，可以说是“以质取胜”的集客方法。尽可能向自己熟识的顾客发布促销信息，降低运营成本，这是集客技巧的基本战略。

■不花钱的促销方法

- **熟人战略**

  一定要强调“特别折扣”。一定要让顾客觉得便宜，并制作传单和打折券。

- **亲自拜访**

  向法人企业提供“团体折扣”。如果是邻居，还可以提供“出差折扣”等特殊优惠。

- **联合策划**

  如果策划合理，就有可能与媒体共同合作。

作为集客战略，还可以与附近的店铺、服务公司等联合开发新商品，或者互相在对方那里放置促销广告等。另外，也可以与地方杂志共同策划、开发出一种限定菜品，邀请读者前来品尝，这也是培养优良顾客的一种有效手段。如果不想支付广告费，还可以直接向杂志编辑部提出自己的促销企划，声明“读者免费”，这也是个好办法。

但是，需要说明的是，不能因为资金不足，就依靠网络进行促销，这种方法我不推荐。最近，有很多人觉得“面向全国顾客发布信息肯定卖得好”“网络销售成本没有实体店高”，于是纷纷在网上开店，但事实上，如今的网络销售比实体店需要花费更多的时间和精力，效率并不高。

不花钱的集客方法，虽然都是一些普通的战略，但是，这些实实在在的方法，反而容易获得长期支持自己的优良顾客，所以一定要有耐心，坚持不懈地实践下去。

获得新顾客的秘诀

问3 发广告顾客也不上门，上门也无法把顾客变成优良顾客，我该在哪些地方进行改善呢？

因为新顾客对商品和店铺都不了解，所以店铺在争取新顾客时，很容易把重点放在“价格”上。但事实上，顾客对新店铺、新商品的抵触心理，远远超过了销售者预想的程度。

既然只能诉求于价格，要想获得新顾客，就只能投入大量广告费用，通过薄利多销的打折方式，最大程度地吸引有购买可能的顾客。但是，如果太过贪婪，既舍不得投入足够的广告费，又不给顾客足够的实惠，能够获得的顾客数量恐怕不会太理想。

有人曾经说过：获得新顾客的成本，至少应该是保住老顾客成本的五倍，因此要想获得新顾客，必须做好一定程度的心理准备：那就是广告费的投入和收益比，肯定不会太高。

在以上集客战略顺利实施的基础上，需要进一步考虑的就是如何把新顾客转变为优良顾客的“方法”。打折券、赠品以及高于其他店铺的优质服务等，都必须能让顾客产生“我想成为这家店的常客”的想法。如果不能有意识地制订这种“顾客养成计划”的话，就会接二连三地失去好不容易获得的新顾客，前期特意投入的大量广告费用也就付诸东流。也就是说，要想获得新顾客并且将新顾客培养成为优良顾客，在此过程中，必须为顾客提供“高于价格的优质服务”，而且服务的内容非常重要。

■吸引不到新顾客

· 广告费用少。

· 最初接触到的“正面商品”没有魅力。

· 竞争对手规模大或者价格低。

■新顾客无法成为常客

· 顾客与员工接触少。

· 突然出现高额商品。

· 店铺或者商品缺乏故事性。

可能有人会觉得“提供高于价格的优质服务就赚不到钱”，但是，无法向顾客提供“高于价格”的附加价值，并不是销售方法本身有问题，而是原本这种商业模式就有问题，我觉得这样思考才是正确的。你可能没有能够吸引新顾客的、可以实施价格诉求的正面商品，也可能是筹划不出广告费、盈利率较低，还有可能是盈利率虽高，但是商品销售方式不对，无法让优良顾客定期购买商品，甚至还有可能是你计划能力不足，没能留住常客等，总之问题应该不止一个。如果没有好的“方法”，无论来多少新顾客，都无法使之成为优良顾客。就算成为优良顾客，如果不能定期推出刺激性企划，也会使其逐渐远离店铺和商品。

与其改变促销方法，我建议不如重新确认一下决算书上的数字，计算一下获得一位新顾客的成本，或者从根本上重新考虑一下目前的商业形式是否合理。

增加回头客的待客方法

问 4 **最近多次光临本店的“回头客”数量没有增加，为此我大伤脑筋。请教增加回头客的方法。**

首先要养成一个习惯，那就是积极在店内进行一种叫作“role-playing”的“角色扮演”训练。虽然大家可能会觉得不好意思，但这却是切实提高待客能力的好办法。因为在训练时，需要把店员分成两组，分别扮演“顾客”和“销售人员”，然后在全体员工面前表演接待顾客的具体情形，这样做能够彻底发现问题和需要注意的地方。而且，在反复进行角色扮演的过程中，员工对待销售的传统意识也会发生改变，不会再觉得销售难做，还能找到越来越多适合自己的“销售方法”。

“角色扮演”的人才培养方式要想获得成功，必须在规定的时间内定期进行训练。凭一时高兴想练就练，或者不定期进行训练的话，不会有效果。所以店长一定要确定定期练习的时间，让全体员工养成定期参加练习的习惯。

另外，让每位员工都掌握一种“自我宣传技巧”，也是提高待客能力的捷径之一。自我宣传的内容可以是亲戚朋友的故事，也可以是娱乐新闻，但必须是“一定能够牢牢吸引顾客的材料”，这些材料有助于员工与顾客之间的会话顺利进行，所以如果员工能每天准备一个材料，并将这一材料活用到业务上，一定能够进一步缩短与顾客之间的距离。

如何使新顾客成为常客

要想让顾客意识到“自己是常客”，店员应该首先认识到这一点，并对顾客笑脸相迎。

同时，要想让顾客意识到自己是常客的话，“店员必须首先意识到这一点”，这是待客之道的关键。在与顾客视线相对之前，一定要先将目光投向顾客，并且率先对顾客笑脸相迎，积极给顾客留下“店员记住我了”的印象。而要想让这些行动变得容易理解，就要先跟顾客打招呼或者发现顾客就马上微笑，这样才能给顾客留下“自己是优良顾客”的强烈印象。

如果待客能力低下，就会让顾客产生“在哪家店买都一样”的想法，当然客源也就容易流向“价格低廉”或者“地段好”的店铺。如果不能提高待客能力；不设法与顾客之间建立深层次交流；无法让顾客产生“我就想在这家店买”“我就想从这位店员手里买”的想法的话，中小规模的店铺根本无法在今后激烈的销售竞争当中取胜。

最近，在工作现场经常听到这样的说法：随着电子邮件和游戏的普及，越来越多的年轻员工不善于和他人交谈。但是，“让顾客购买商品”必须是在店员与顾客之间建立起相互信赖的关系之后方能成立。某种程度来说，店员与顾客之间对话量的多少，与常客数量的多少是成正比的。因此，希望店员能够尽量主动跟顾客打招呼、增加与顾客之间的对话量、在增加回头客的数量上多下功夫。

也许销售现场的负责人“希望招聘优秀的销售人员”，但是，与其现在开始寻找优秀的销售人员，不如想办法让现有的、不那么优秀的销售人员尽快掌握浅显易懂的待客方法，这才是提高营业额的便捷之路。

■缩短与顾客之间距离的待客方法

· **夸张的反应**

接待顾客的举动越是夸张，越容易让顾客记住自己。

· **先对顾客微笑，挥手致意**

让顾客产生信赖感，觉得“店员记住自己了”。

· **积极与顾客展开对话**

让顾客产生亲近感，印象深刻。

· **多向顾客提问**

巧妙了解顾客的烦恼，并摸索解决办法。

如何活用口碑效应？

问5 我希望通过口碑效应增加商品销售量，请教有效的促销方法。

最近，有很多人向我咨询“口碑效应”这种促销方法。无须花费广告费，仅仅通过口头或者网络就能将“这种商品非常好”的信息传播开来，并使商品销售量大增。这种促销方法，在消费低迷的今天，可以说是再好不过的了。

但是，“口碑效应”是一种很难操作的促销方法，绝不适合拿不出多少广告费的“弱者”，这一点大家一定要做到心中有数。

首先，就算顾客中意商品，但是愿意特意把商品“介绍给第三者”的“好顾客”，事实上远比自己想象的要少得多。而且，要知道就算顾客把“这种商品特别好”的信息传递给了第三者，但是能唤起这位第三者“购买欲”的概率非常低。也就是说，从口口相传的概率和购买商品的概率来看，“口碑效应”是一种购买率非常低的促销手法。

另外，调查发现，即使是那些据说“凭借口碑效应畅销”的商品，与其他商品相比，其实也都采取了许多抢占先机的手段，比如花费大量广告费、商品本身就是在许多卖场畅销的知名企业的商品等。对于促销经费不足、没有多少机会露脸的中小企业来说，口口相传的促销方式，包含太多“碰运气”的成分在里面，因此是一种不太可靠的促销方法。

尽管如此，依然想要通过“口碑效应”获得成功的话，首先就应该在商品名称上下功夫。商品名称一定要新颖奇特，与众不同，既有影响力又出人意料，这样的商品往往容易通过口口相传的方式为人们所了解。

其次，使用方法也应该具有独创性和意外性，要让消费者不由自主地就想对别人说起该商品，这种与众不同、别具一格的使用方法，容易被网络和媒体所接受，并迅速传播出去。与此相反，那些“用过才知道”“使用说明晦涩难懂”的商品，很难通过“口碑效应”传播出去，因此，对于广告宣传费用较少的企业来说，这样的商品就不适合使用“口碑效应”的促销方法。

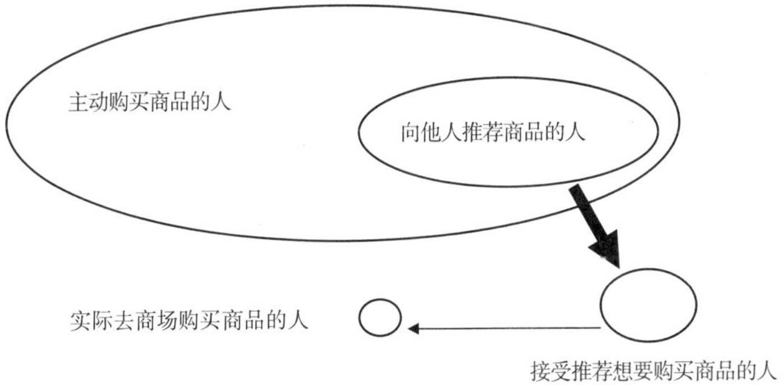

“主动购买者”与“口碑效应下购买者”，数量相差悬殊

只有考虑到上述商品开发时的注意事项，并且投入一定的广告费用，“口碑效应”这种促销方法才能成立。说得严重些，“想要通过口碑效应销售商品”的这种想法，其实就是一种放弃思考促销战略、听天由命的促销方法，因此必须从根本上进行改变。

如何制作反响良好的DM？

问6 请教：如何提高快讯商品广告的启封率和效果？

告知店铺活动或者销售信息的邮寄广告叫作快讯商品广告（Direct Mail，以下简称DM）。对于广告宣传费用不足的中小企业来说，DM是有效的促销手段之一，因此，与其通过大众传媒广告来吸引不特定多数的新顾客，不如向那些有过接触经历的优良顾客邮寄DM广告更为有效。

尺寸较小的明信片式DM，无须在广告语上费心思，而是通过照片或者插图来吸引人的眼球。如果使用平凡的广告宣传语或者尺寸较小的插图，无法引起顾客的注意，很有可能被直接扔到垃圾箱里，所以我推荐使用强化第一印象的明信片式DM。

如果是邮寄DM的话，在启封前就要能够激起顾客的好奇心。可以在信封上用大字体印上能让顾客想要“浏览一下”的广告语，例如“内有打折券”“内有免费优惠券”等，这样就能提高启封率。

另外，如果再加上一封“手写”的信件，虽然朴素了点，却也不失为一种有效的方法。无论是在明信片上加上一句话，还是在DM的最后汇报一下自己的近况，都能立刻给顾客一种“这是为您量身定做的DM”的感觉，这样的DM才能给顾客留下好印象，才能把顾客培养成为优良顾客。

■**如何制作高开封率、高反应率的DM**

· 想办法让顾客在开封前就很期待里面的内容。

· 无论是促销信息还是新商品信息，一定要让顾客感觉“实惠”。

· DM上刊登员工或者店长的卡通形象。

· 提供打折券或积分服务，让顾客得到“好处”。

如果想制作有个性的DM，还可以在DM上刊登店长或者员工的私人照片，也许有很多人对此有抵触情绪，但这也是向“优良顾客”传递店铺信息的一种方式。关键时刻还需有写给那些打算从今以后都与本店打交道的顾客的“一封信”。就算10位顾客当中有9位对个性DM持否定态度，还有1位顾客通过该DM“喜欢”上你的店铺，那就可以认为该DM战略是“有效”的。相反，如果DM制作得过于完美，10位顾客中有8位都能认可的话，这种八面玲珑的DM，恐怕很难给顾客留下深刻印象，很有可能与其他店铺的服务、商品没什么区别，从长远来看很难培养优良顾客，也就变成了毫无用处的DM。

DM与大众传媒广告不同，是一种锁定目标顾客、维系顾客与店铺之间关系的传媒工具，因此必须是有别于其他店铺的个性化促销手段，必须能够向顾客传达卖方信息。

促销礼品发什么好？

问 7　我想在人流密集的站前发放促销礼品宣传本店，什么样的礼品效果最好呢？

单纯发放传单，不如和传单一起发放纸巾或者花的种子，这样更容易为顾客所接受。以前只向合作方提供较高级的宣传物品，现在流行所谓的“大面积撒网”，即向所有目标顾客大量发放宣传礼品。

秋冬季节城市里最常见的宣传礼品是小包纸巾。纸巾的成本低，而且秋冬季节感冒的人较多，因此非常容易发放出去。

但是，“纸巾”用完就扔，它的便利性占了上风，反倒削弱了广告的作用。同时，流感季节或者花粉季节，很多人都自备纸巾或者佩戴口罩等，很有可能不接受发放的这些礼品。

在这种情况下，近几年来，比较受欢迎的促销礼品是“入浴剂”，尤其是女性接受的比较多。尤其是那些印有知名温泉名字的入浴剂，非常引人注目，顾客满意度很高。

另外，在主要交通工具为私家车而不是电车的地方城市，挂在后视镜上的汽车专用小型芳香剂非常受欢迎。开车时闻到芳香剂的味道，就会想到发送芳香剂的企业或者店铺，这种战略可以从视觉和嗅觉两个方面给顾客留下强烈印象，让顾客记住商品名字。

在发放的促销礼品上下功夫

冬天发放入浴剂反响不错，女性顾客经常主动索要。

发放促销礼品时，最好随同传单一起，附赠限定时间的打折券或免费券。因为促销礼品比较小，所以打折券一定要折扣大些，同时我也推荐在地图或者优惠券上使用具有影响力的广告宣传语。

发放促销礼品时，不要考虑“发什么”，而要考虑“在预算内能发什么”，这个视角十分重要。地域不同、顾客层不同、季节不同，发放的礼品也大有区别，所以最好不要过分拘泥于同一种礼品。另外，委托生产促销礼品的公司，最好是生产多种商品的综合性公司，因为从这样的公司可以得到各种各样的建议，选择最适合本公司商品和服务的促销礼品。

不同价格带的主要促销商品

价格带	商品种类
10日元以下	纸巾、小扇子
10~30日元	暖宝宝、文件夹、口罩
31~100日元	台历、记事本
101~200日元	毛巾、托特包

在网上输入关键词“促销礼品”进行检索，就能找到许多生产厂家，建议大家多咨询一下再做决定。

另外，特意发放“不易被扔掉的礼品”，也是一种不错的促销手法。像“招财猫”“护身符”这样的东西，一旦接受很少有人会扔掉，通常会带到公司或者拿回家，放到一个看得见的地方或者挂起来。看见礼品，就会想起发放礼品的企业或者个人，作为加深顾客印象的一种手段，不得不说这是一个好办法。

需要说明的是，如果过于频繁地发放促销礼品，就会被当作不良团体，所以建议适可而止，不要过度发放。

效果好的夹入广告

问8 初次挑战夹入广告，请教有效的方法。

最近，在报纸里夹入广告这种“古老”的促销方法重新受到了人们的重视。在网络广告泛滥、竞争对手增加、价格竞争越来越激烈的今天，考虑到网络市场的现状，通过夹入广告进行促销的方法非常适合中小企业，因为这种方法能够锁定一定范围、有效提高信息的曝光度。

在制作夹入广告时，切记首先要把重点放在“实惠”上。当人们打开报纸、看见夹入广告时，通常是一边想着“有没有什么实惠的信息呢”一边浏览广告，绝不会有人想知道“有没有设计好看的广告”。当然，也没有必要亏本“贱卖”，只是至少要给顾客留下“卖得很便宜”的印象，这才是我们要制作的夹入广告。

同时，夹入广告是一种“注重影响”的媒体，所以还应该把重点放在照片和插图上。尤其是男性制作的夹入广告，重视广告宣传语的倾向较强，反而使广告不够醒目。所以在制作夹入广告时，要尽量使用彩色印刷，以吸引顾客的眼球。

最近还出现了比较有特色的夹入广告，比如使用有香味的纸张，或者使用较厚的纸张，尽量追求与其他公司的不同之处。尤其是用厚纸制成的广告，由于纸张的重量，很容易在顾客整理报纸时掉落下来，因此作为一种“特殊技法”被一些企业采用。另外，如果广告尺寸较大的话，可以在折叠后系上“彩带”，据说这样做更为醒目，更容易被人发现。

虽然周六、周日投递夹入广告更为有效，但在竞争激烈的情况下，可以反其道而行之，只在周一到周五投递。而且，建议不要突然大量投递夹入广告，而要根据地区、图片、广告语等进行调整，少量投递，实施稳扎稳打的促销战略。另外，夹入广告这种促销方法的最终目的是找到一种反应良好的广告“必胜模式”，因此必须经常检查促销效果，核实相关数据，以免沦落为没有计划性的促销战略。

另外，夹入广告与其他媒体一样，都不能通过一两次的广告就看到真正的促销效果。因此，必须通过持续努力，才能初见成效，所以不要中途放弃，一定要持之以恒，坚持到最后。

■提高夹入广告促销效果的方法

· 彩色印刷，使用插图和照片。

· 广告宣传语能让人感到“实惠”。

· 提供电话号码和地图等具体提示。

· 信息提供切忌过多。

· 重视“集客”的促销战略。

广告反响不好的原因

问9 前几天，地方版杂志首次刊登了本店的广告，但却反响平平，究竟哪个地方做得不对？

首先请允许我解释一下“广告”的定义和目的。一般来说，顾客只会采取两种行动：从“熟悉的店铺”里购买商品，或是购买“熟悉的商品”，而绝不会从“不熟悉的店铺”里购买商品或者购买“不熟悉的商品”。因此，卖方只需要使用“广告”，广泛宣传自己的店铺和商品，使之成为顾客“熟悉的店铺”“熟悉的商品”即可。

但是，大家最好弄清楚，“广告”这个东西，除去极个别的例子，基本上是不会一次就有效果的，这点只要站在顾客的角度思考就能明白。想想在你过去的经历中，第一次看见某广告，马上就想“我要去这家店，我要买这件商品”，这样的例子不多吧。也就是说，仅仅通过一次广告，对顾客而言既不能成为“熟悉的店铺”，也不能成为“熟悉的商品”，根本无法发挥出广告原本应有的促销作用。如果是极其便宜的商品，或者紧急降价的商品，也许一次广告就能收到效果，但如果是没有任何折扣的原价销售或者普通折扣的话，仅仅通过一次广告就想取得应有的效果是相当困难的。

“广告”只有通过持续不断地曝光、不断与消费者接触、提高自身认知度、为顾客多次购买制造机会，才能成为与投入的广告费相当的促销战略。反过来，“因为钱不多，所以广告内容差不多就行啦”这种随意任性的广告，等不到把信息传递给消费者就会中途夭折，前期投入的广告费也就打水漂了。

■难以通过广告取得效果的实例

· 随心所欲、缺乏计划性的广告。

· 缺乏“集客”意识的广告。

· 与竞争对手大同小异、缺乏特色的广告。

· 照片与插图缺乏影响力的广告。

· 没有“实惠感”的广告。

如果广告预算较少，只够实施一次的话，那就在广告实施的同时，在门口发放打折券，或者将彩旗、广告牌的颜色设计得鲜艳些，积极采取促销行动，吸引顾客注意。这样一来，即使只做一次广告，也能从多方面向顾客传递信息，这样就能给顾客留下深刻印象，取得良好的促销效果。

经济低迷的情况下，广告的刊登数量呈减少趋势，正因如此，反响良好的广告也出现了空缺，原来制作不起的大型广告和优质广告，现在的价格都在自己能够承受的范围之内，所以中小企业千万不要错过这个机会，有计划地实施广告战略，早日恢复自己的业绩。

新闻通稿的活用方法

问 10 我想采取“新闻通稿”策略，让媒体把本公司的新商品信息作为新闻进行报道，请教具体方法。

希望媒体把自己的商品信息作为新闻，进行采访、报道，这种“新闻通稿”策略既可以控制广告费用，还可以让商品在全国范围内走红，这是一举多得的促销手段。

但是，如果只是介绍商品这种单纯的“新闻通稿”，媒体是不会介入的，所以新闻通稿一定要有新闻性，作为新闻报道，如果内容不够新颖，不会成为媒体的采访对象。

要想成为媒体采访的对象，在最初的商品生产阶段就必须有足够的心理准备——“一定要使该商品成为媒体报道的热门商品”！例如，如果希望媒体在“父亲节”时大规模报道，就要思考“父亲节什么东西卖得好”，如果开发不出父亲节的畅销商品，媒体就不会报道。“反正商品生产出来了，要不试一下新闻通稿吧”，这种情况下，由于着眼点不清楚，因此很难成为媒体采访的对象。

容易成为媒体采访对象的信息，通常都具有“季节性”“地域性”和“社会性”，相对来说，这样的新闻比较具有可写性。反过来说，宣传色彩过于强烈，或者服装、化妆品等明显传达物品需求的商品信息，媒体通常都会敬而远之。

容易被媒体报道的信息

季节性	母亲节以及年末年初等相关信息、天气信息
地域性	当地知名产品、名胜、历史等信息
社会性	志愿者活动以及学校、福利设施的信息

关于新闻通稿的投递地址，我建议大家一定要事先亲自调查。只要查一下电话本，就能知道离自己公司最近的报社、通讯社和电视台等的信息，所以可以首先往这些地方投递。但是，投递出去的信息作为新闻被报道的可能性极低，给 50 家投递可能只有 1 家最终进行报道。而且，增加新闻通稿的投递地址、与媒体负责人建立友好关系至少需要花费 3 ~ 5 年的时间，所以必须做好心理准备，因为结果的出现需要花费大量时间。

基于以上原因，有很多公司委托专门制作新闻通稿的公关公司来撰写新闻通稿，但就算被媒体报道，营业额也不会有太大提高，所以很难判断特意花钱制作新闻通稿是否有价值。因此，作为促销战略，只能把新闻通稿当作“广告正式刊登之前的辅助手段”！

不过，最近出现了一些与新闻通稿相关的纠纷问题，这点一定要注意。

比如说，有的艺人说要来公司采访，从而索要高额的采访费，有的艺人说想在电视剧中使用你公司的产品，从而索要宣传费等，也许你觉得这是一个免费宣传新闻通稿的机会，但事实上，你需要花费的费用要比广告宣传费高得多。

当然，并不是所有的收费服务都会产生矛盾纠纷，但在接受对方采访时，一定要提前确认是否收费。

有很多人认为“一旦被媒体采访，形式就会一下逆转，自己的商品就会大红大紫”，并开始畅想美好的未来，但正如前文所述，新闻通稿其实是一种既不引人注目、还需要花费时间和精力的战略手段，所以在采取这种方法之前，一定要牢牢记住：“天下没有免费的午餐！”

如何吸引游客？

问 11　我在伊豆地区经营一家旅馆，最近顾客数量减少，请问有什么方法能增加顾客数量吗？

旅游设施维持设备需要花费金钱，因此硬件方面的改善不但风险大，而且从成本效果比来看，也不是一个有效的改善方法。因此，在不降低顾客满意度的条件下，最小限度地改善设备，尽量降低广告宣传费用，从软件方面提高顾客满意度，这才是旅馆提高集客力的关键。

从软件方面提高集客力，最重要的就是“促销企划”。企划数量不能是一年几个，而应该是一个月 2 ~ 3 个，以这样的高频率来开展促销活动。促销活动的数量与集客数量成正比，因此，减少促销企划的数量也就减少了顾客登门的“机会”，这就是顾客数量减少的原因。

在制订促销企划时，不要把着眼点放在自己“能做到的企划”上，而应该放在“不努力就做不到的企划”上，这就是制作高集客力的促销企划的秘诀。比如“龙虾自助”这样的企划案，竞争对手也能做到，没什么新意。但如果是“与渔民一起钓章鱼”“与厨师长一起做鲜鱼”这样的企划，就比较具有影响力。也就是说，开始就从“这能做到吗”出发来思考，就更容易想出有影响力的企划。而且，将“做不到”的事情变为可能，使自己的促销企划与众不同，作为提高顾客满意度的“软实力”，这也是提高集客力的重要原因。

充实促销企划后，接下来就要给优良顾客发送“业务通信”。不管增加多少企划案，如果没有告知顾客的方法，企划也没有任何意义。因此，不要只是邮寄明信片和宣传单，还应该给当地的新闻栏目或者专栏投稿，引起顾客共鸣，增加“粉丝”数量。

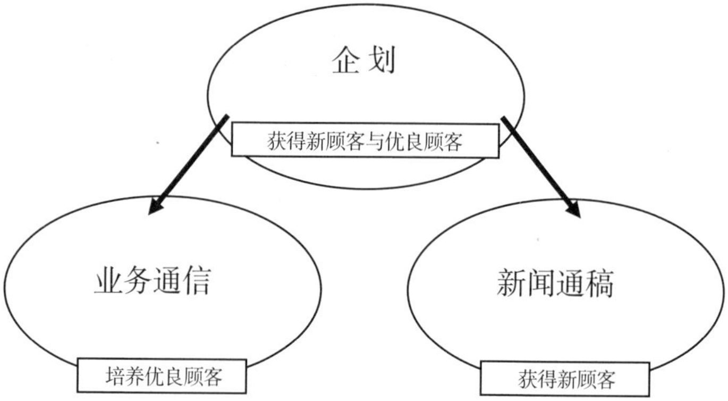

企划、业务通信和新闻通稿，低成本集客的三大支柱

另外，我建议每次举办促销活动，都发送新闻通稿。如果是与众不同的企划就会成为地域性很强的新闻，媒体一定会积极报道。相反，如果促销企划没有被媒体报道，那就意味着该企划“平淡无奇”，需要我们进一步改进。

综上所述，只要我们不断强化“企划”“业务通信”和“新闻通稿”这三大支柱，就可以用较低的成本，提高集客能力。虽然这个战略比较花费时间，但是我们应该把目光投向 10 年、20 年以后，认真、踏实地去做。

需要补充说明的是，观光地和观光设施由于“保守”的地方比较多，因此存在一些问题。例如很难制订革新性的企划、执行力较差等。总体来说，与企划力相比，能够将员工和地区团结起来的“领导力”，才是如今旅游业最需要的！

吸引中国游客的方法

问12 我想吸引中国游客来我经营的杂货店，有什么好办法？

最近，来日本旅游的中国游客不断增加，在社会各方面引起热议。

但事实上，现状却是中国游客只去有名的景点，而且只去那些有名的店铺。也就是说，像“京都”“秋叶原”等在国外知名度较高的地方，中国游客会积极前往，而既非知名景点，也没有日本代表性特产和商业设施的地方，不但中国人不去，其他外国游客也很少。

应该说这是理所当然的事情，日本人去美国西海岸旅行时，基本上去的也都是“洛杉矶”“旧金山”这样的知名地点。而那些偏远的地方城市，因为不是内陆的旅游胜地，因此在有限的旅游时间里，人们是不会特意去的。同样道理，想要把海外游客吸引到小城市，怎么看都是很困难的事。

不过，对成功吸引中国游客的企业和观光地进行考察之后，我们发现，这些企业和旅游景点，在中国游客来日本之前，就在中国的媒体上打广告、在观光集会中搭建展台等，不遗余力地宣传自己。这种促销方法需要消耗大量的广告费和人工费，对于缺少促销预算的中小企业来说，这样的促销活动实际上很难实施。

尽管如此，并不是说城市里的小杂货店，就完全没有和中国游客做生意的机会。如果中国游客不来自己所在的城市，那可以去中国游客聚集的、知名旅行胜地的特产店或者杂货店，推销自己的商品。另外，还可以把在日本销售的日用品，根据中国人的喜好进行搭配组合，向旅行胜地的杂货店老板提出自己的建议，这也是一个不错的方法。

■中小企业与中国游客做生意的机会

· 在中国游客聚集的观光胜地搭建展台、销售商品。

· 与县、市、镇政府合作，吸引中国游客。

· 将旅游大巴路线延长，做好充分准备。

· 配备中文翻译、向导，制作宣传手册。

· 中国游客“必买”商品货源充足（家电、化妆品等）。

· 面向中国的当地特产配送服务。

现阶段，中国游客对于“Made in Japan”商品的购买，还处于摸索阶段。一旦中国游客对日本商品有了鉴别能力，购买商品的嗜好也会一点一点发生改变。就像夏威夷摆满了面向日本消费者的商品一样，有一天，日本的旅游胜地也一定会摆满刺激中国游客购买欲的土特产和日用品。

据说“创可贴”和“指甲刀”等非常受欢迎，是中国游客的必买商品。如果能亲自去一次中国，探索一下“在中国买不到、且与生活密切相关”的日本制商品，也许就能发现畅销商品！

第 2 章

烦恼之二——如何销售商品

“商品销量一点也不好……”

成功的广告宣传语

问1 我尝试使用广告宣传语和促销企划，效果却不尽如人意，营业额未见增长。难道是我的方法有问题？

有些公司虽然在广告宣传语和促销计划上下了不少功夫，但是“营业额却不见增长”，其原因在于，这样的公司大多数都“没有做到一定的数量”。

广告宣传语和促销企划有一个优点，那就是作为无须花费广告费就能提高营业额的手段，可以轻易实施。但实际上，使用广告宣传语和促销企划就能提高营业额的概率，要比预想的低得多。就算打出十条广告语，真正能有“大卖”效果的最多也就两条左右。促销企划也是一样，就算以每月一次的速度来制订促销企划，一年下来，能有两个企划大受欢迎就算有成效了。

也许有很多人认为“概率比预想的还低”，但事实上，人能够准确预测未来发生事情的概率，最多也就 20% ~ 30% 左右。如果这种概率能达到 50%，这个世界上的钱就好赚了；股票投资、房地产投资如果能保持 50% 以上的高成功率，一瞬间全世界就会产生许多百万富翁。但是，实际上“预测”出现偏差的概率要远远大于准确的概率，正因为如此，社会才能保持平衡，也正因为“预测”出现偏差，资本主义社会才出现了贫富差距，才形成了竞争社会。

因此，广告宣传语和促销企划其实就像“投资”，只有在对未来进行预测——“应该会畅销吧”——的基础上才能成立。不过，如果这种投资的成功率只有20%～30%的话，只有通过反复进行市场调研和实践来提高成功率，才能使营业额得到提升。

如果迄今为止制作10条广告语只能有2条获得成功，那么制作20条广告语就应该有4条获得成功；如果对促销企划的成功率不满，就将原来一年12份企划增加到24份，那么获得成功的企划数量就应该比现在要高得多。

■为什么广告宣传和促销企划要想成功，就必须提高工作效率？

广告宣传和促销企划要想获得成功

↓

只有增加“实践的次数”，才能增加成功的次数。

↓

那么，怎样才能增加“实践的次数”呢？

↓

只能提高工作效率，不断制作新的广告宣传语，实施新的促销企划。

如上所述，如果不能增加广告宣传语和促销企划的数量，就无法掌握成功的技巧，因此必须提高工作本身的效率。

考虑到这一点，我们就会明白，经营者和上司严格要求员工“快点工作”，其实是为了增加广告宣传和促销企划“成功的数量”，这也是我给大家提供的一个建议。

人气广告的秘诀

问2 虽然在卖场广告牌上使用了广告宣传语，但商品依然卖得不好。有什么好的改善方法吗？

最近，不管经济动向如何，消费者总是不轻易购买，而且这种状况一直没有得到改善。在这种情况下，大家可能会觉得只要降低价格，商品就能重新销售出去，但我还是希望在卖场和广告上下功夫，尽可能在利润较高的状态下，将商品全部销售出去。

要想广告受欢迎，关键是要有插图或者照片，通常这样的广告要比普通广告效果好得多，商品也容易销售出去。曾有一个超市，在 3 家店铺 30 个地方的广告上进行了改进，随后进行市场调查发现使用了带有插图、照片的广告后，有 19 个地方的营业额增加了 150%，有 6 个地方的营业额增加了 100%，效果惊人。与此相反，另外还有 5 个地方的营业额或不变、或下降，而这 5 个地方，基本使用的都是不带有插图和照片的广告。

看了这个结果，消费者可能会惊呼："那么容易就被广告吸引，买那么多没用的东西！"而且还会出现越来越多谨小慎微的消费者，故意装作看不见广告上的词语，因此反而让带有插图和照片的广告更容易被顾客发现，本次的市场调查结果已经说明了这一点。

另外，能够为顾客提供更多"建议"的广告反响也不错。

例如，如果是调味料，可以在广告中加入“也适合做火锅”“做沙拉也能用”等烹饪建议，而且这样的建议越多，商品销量越好。不但能让顾客容易联想到购买后的情况，还会让顾客觉得“要是这个商品的话，买了也不会浪费”，这种“保守的消费意识”才是商品能够畅销的原因！

这样看来，由于经济长期低迷，消费者的购买意识发生了180度的转变，因此促销活动必须根据消费者的意识变化，对一直以来的广告战略进行大幅调整。如果使用平凡无奇的广告，就会让人觉得商品本身也是“随处可见的普通商品”，哪里都能买得到。只要消费者在购买商品时不是冲动购买，我们作为卖方，就必须不断制订切实可行的战略，才能将商品销售出去。

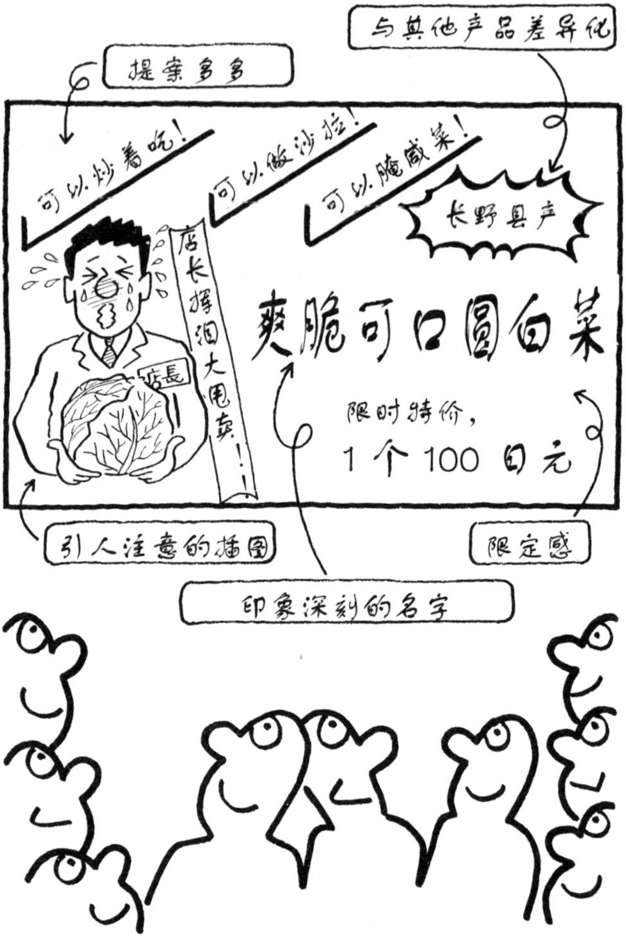

与其他产品差异化
提案多多
可以炒着吃！
可以做沙拉！
可以腌咸菜！
长野县产
店长挥泪大甩卖！！！
店長
爽脆可口圆白菜
限时特价，
1个100日元
引人注意的插图
限定感
印象深刻的名字

最近受欢迎的广告

刺激顾客购买欲的商品介绍技巧

问3 我的工作就是为商品说明书和促销广告撰稿介绍商品，如何撰写才能吸引顾客购买商品呢？

观察消费者的“购买”行为，自然就会发现“畅销商品介绍”法则。比如，想要买领带的顾客，购买时会联想到自己买完以后的样子——“戴上这条领带一定很帅吧”！而重视价格的顾客，在把商品拿在手里的瞬间，就会联想到买完东西以后钱包里的情形——“要是买这个便宜的，还能用剩下来的钱买点别的东西”。所以，顾客“购买商品”的行为，其实就是眼前商品与联想情形完全一致时产生的动作表现，而这种联想就是顾客对“购买商品后”自己生活方式的一种想象。

通常，人们在商品介绍里只对商品本身进行“介绍”，因此顾客只是阅读商品说明，并不能联想到“购买后”的情形。还是刚才买领带的例子，如果只是介绍“深蓝色窄款领带”，就只能传递给顾客一种信息——“深蓝色窄款领带”，而无法让顾客联想到“购买后”自己戴上领带的样子。

但是，如果在商品介绍中加入“深蓝色领带可以搭配各种颜色西服”“窄款领带特别适合休闲夹克”等“购买后”的提案，顾客就很容易联想到自己戴上领带后的样子，对眼前出售的商品也会觉得特别亲近。

因此，所谓的“畅销商品介绍”，不但要陈述事实，还必须为顾客提供购买后的具体建议。

■受欢迎的商品介绍与不受欢迎的商品介绍的不同之处

× 不受欢迎的商品介绍

该款方包尺寸较大，长 30cm，宽 40cm。可爱的方格花纹特别受女孩子喜爱。侧面有 3 个口袋，皮革质地，手感光滑。

（只是介绍商品，无法让人联想到购买后的情形。）

○ 受欢迎的商品介绍

该款方包非常时尚，既可以放入笔记本电脑，也可以放入换下来的小件衣物。平时用起来也非常方便。方格花纹与西装的搭配组合堪称完美。

（给出具体提案，让顾客充分想象购买后的情形。）

要想写出“畅销商品介绍”，最重要的就是养成一个好习惯，那就是写商品介绍时尽量不看商品以及商品目录。因为这样做很容易就会变成只介绍商品本身的说明文。

还有一个方法，就是头脑里一边浮现出顾客的名字一边撰写商品介绍，这样写出来的东西非常具体，更具想象力和说服力。“住在 2 丁目的田中女士会不会买这件商品呢？”这样一边想象着具体某人的名字一边撰写，一定能写出既有个性又有表现力的商品介绍。相反，“20 多岁的白领会不会买这件商品呢？”

如果头脑里浮现的只是一个大概的对象，商品介绍也会变得模棱两可，表现力也会减弱。

如果掌握了撰写技巧、能写出促销效果较好的商品介绍，对于网页和广告宣传语的制作也大有裨益。因此，从现在开始就应该在促销现场不断积累经验，丰富自己。

轻松提高待客能力的方法

问4　我打算招聘学生作为短期促销员，但是学生的待客态度却让我一筹莫展。请教短期内提高待客能力的方法。

如果录用为公司正式员工，通过研修就能够提高其待客能力，但是面对那些短期临时工，尤其是缺乏职业精神的学生，想要让其掌握待客礼仪，实在是很困难。但是，顾客只要来消费，就有权利享受最好的服务，因此，对于雇用方来说，必须要求临时工们掌握最低程度的待客之术。

首先，对于短期的学生打工一族，很难教会他们复杂难懂的待客礼仪，因此要尽量压缩关键点，浅显易懂地加以培训。

短期内提高待客礼仪的关键主要有以下三点：

第一是“声音洪亮”。除了“欢迎光临”“谢谢惠顾”以外，接待顾客时也要注意声音洪亮，其他细节可以暂时不用考虑。声音洪亮就会让顾客觉得“很有精神”，对于其他接待上的问题也能宽容一些。同时，学生打工族也会形成“只要声音大些就可以”的简单逻辑，非常容易付诸行动。而且，声音洪亮也容易引起顾客的注意，必然减少磨蹭的时间。

第二是接待顾客时要养成“先说结论”的习惯。有些不太熟练的临时工，介绍商品时容易长篇大论，或者与顾客对答时花费大量时间，给顾客留下不好的印象。所以，接待顾客时开场白要尽量简短，开始就从“结论”出发：“我推荐该款商品”“这种商品请这样使用”等，掌握了这种待客方法，在接待顾客时自然就会变得张弛有度。而且，临时工也会认定“原来只要先说结论就可以啊”，思维变得简单化，轻松掌握这种待客方法。

第三是“常保笑容”。经营者以及现场负责人每次与临时工视线相对时，都要提醒对方要有“笑容”！常保笑容既能让卖场充满活力，又能让顾客心情愉快地购物。所以要经常提醒临时工保持“笑容”，使其无意识地养成在店里常保笑容的习惯。

■轻松提高临时工待客能力的其他方法

· **统一服装**

即使只是统一衬衫与领带，也能让店内整体感觉焕然一新。

· **人前表扬**

不管事情多小，都要及时表扬。关键就是发现他人的优点。

· **大写名字**

名字写得大些，容易引起顾客注意。

待客礼仪指导可以是临阵磨枪，所以指导方法必须简单易懂。如果是“声音洪亮”“先说结论”“常保笑容”这样的方法，因为马上就能付诸实施，所以经常雇用短期临时工的企业，不妨一试。

照片的拍摄方法与刊登方法

问5 我想在促销宣传单和公司主页上刊登照片，请问照片在拍摄和刊登时有哪些注意事项？

促销商品的照片能使顾客联想到商品和服务的具体情形，可以说是重要的传达方式之一。不管促销传单和公司主页的设计多么精美，如果图片不好，这些促销工具的促销效果就会减半。

要想拍摄效果较好的照片，首先要认真描绘“草图”，这点很重要。因为掌握了所需图片的数量、大小、结构等，才能拍摄出与预想最为接近的照片。

其次，现在的数码相机性能非常好，即使是外行拍摄的照片，也不会比专业摄影师差多少。尤其是促销用的照片，与摄影技术相比，更重要的是照片构图和背景物品的选取，这些能左右促销效果，因此“因为是专业摄影师，所以……”这种优势并不像以前那么明显。

假设我们要拍摄旅行包，不管焦距对得多准，如果背景只是一片白色的话，顾客想象不到使用旅行包时的情形，所以很难勾起顾客的购买欲。但是，如果背景是大海或者高山，或者旅行包里装着地图和饭盒，就能使“旅行使用”这种意识具体化，很容易刺激顾客的购买欲。而且，如果照片中出现人物或者脸孔、手、手指等，更容易让顾客想象到购买商品之后的情形，所以多刊登一些构图与“人”相关的照片，效果一定不错。

另外，要想宣传这是“人气商品”，可以刊登一些例如店内挤满顾客，或者收银台前排起长龙的照片，这也是一种有效使用照片的方法。如果商品的使用方法较为复杂，可以特意刊登女性或者儿童使用该商品的照片，这样就能够更好地传达“操作简单”这一信息。

相反，如果使用题材自由的免费图片，或者厂家提供的广告图片，只是在简单排列一些普通图片，或者中规中矩的图片而已，商品本身也就变成了“可有可无的商品”，促销效果大打折扣。

照片是让顾客理解商品价值的重要表达工具，所以希望大家一定不遗余力，拍摄出匠心独具、充满新意的好照片。

促销照片的拍摄技巧

详细的拍摄方法请参照《不要当摄影师，要当就当导演》(camera 社)。

如何确保月末营业额？

问6 一到月末，我就担心无法完成目标营业额。有什么简单的方法，能在月末10天左右的时间里提高营业额吗？

每月一到20日左右，很多经营者、店长就会发现目标营业额还没有达成，因而愁眉不展。但是，事先没有做好任何准备，只是匆匆忙忙开展促销活动的话，结果肯定不会令人满意，为了达成目标营业额，最终只能依靠低价销售，这就是现状。大家这种焦急的心情我能够理解，但我还是希望尽量不要降价，设法通过其他途径来达成目标营业额。

事先不需要做任何准备但却效果显著的促销方法就是“吆喝”。不管你是在店门口吆喝，还是在站前发放传单和小礼品，什么方法都行，总之就是要尽可能“招揽顾客”。不管在卖场开展多么活跃的促销活动，只要来店顾客数量不增加，营业额就无法得到迅速增长。通过“吆喝”使顾客数量增加之后，“改善卖场”这种促销方法才能发挥作用。

关于卖场建设方面，一定要有意识地让卖场“醒目”，大胆改变广告和商品的陈列方式。如果想要采取廉价销售的方式，必须要有一个明确的“理由”。如果只是单纯“大甩卖”，就会给顾客留下这样的强烈印象——“这家店一到月末就打折”，那月初来店的顾客数量就会减少，所以一定要说明理由，比如“特殊处理商品”“仓库搬家”等，设法给顾客留下“特价商品，仅此一次”的强烈印象。只要理由充分，即使降价幅度不大，顾客也会觉得“便宜”。

月末最后十天的促销方法

销售特殊处理商品	特殊处理商品给人优惠感和限定感
传真DM与快信DM	与优良顾客接触，开展盈利较高的促销活动
先行预约销售	销售新商品，通过预约销售展开促销
22日“夫妇日”	每月22日，对夫妻一同来店的顾客给予优惠
29日“肉之日”	每月29日，对与肉有关的料理和礼物进行促销

为了防止月末时无法达成营业额，事先将优良顾客的名单制成表格也是一个办法。当目标营业额无法实现时，可以通过邮政快信或者传真发送快讯商品广告、发送手机短信等，邀请“本店最强后援”来店，有了这一妙招，即使不用开展近乎赔本的低价促销，也有可能达成目标营业额。

不过，最近确实有这样一种倾向，那就是越来越多的公司不再以月为单位来管理营业额，而是以周为单位进行管理。这样一来，确实能够更好地管理营业额，而且也不必单单为了达成营业额而实行廉价销售。尤其是以周为单位管理营业额，月末时也不会松劲，可以确保营业额平稳，因此，实行以周为单位管理营业额的公司越来越多。虽然改变一直以来根深蒂固的习惯很难，但这毕竟是一次大胆的经营改革，不妨一试。

如何处理投诉最有效？

问7　每到忙碌的季节，顾客的投诉就会增加。请问如何处理投诉最有效？

有一句话叫作“投诉是最大的商机”，可我觉得这个时代并非所有的“投诉”都是“机会”，尤其是发邮件或者打手机进行的投诉，便是改变投诉“性质”的原因之一。

来自网络的邮件投诉，只有冰冷的文字，内容容易被极端夸大，由于不是与对方直接对话，因此表达方式容易过火。再者，打手机投诉的顾客，大多是一时感情冲动，而接电话的一方也极易被顾客的情绪所左右，无法对顾客的投诉做出慎重的回应。

回到正题，高效处理投诉的关键，首先是要对投诉进行恰当分类，处理方法也要“条理化”。也就是说，必须正确区分是“有解决意义的投诉”，还是“没有生产率的投诉”，并做出客观判断。

所谓“有解决意义的投诉”是指对公司和员工的成长有益，甚至有可能成为商业机会的投诉。对于能够给现场带来紧张感，根据解决情况，今后有可能成为优良顾客的顾客，即使在处理投诉上花点时间也是值得的，所以一定要让员工们做好心理准备，积极对待顾客的投诉。

而“没有生产率的投诉”则是指由于工厂失误等造成的、

必然会导致的投诉问题。处理这样的投诉，可以制定操作手册，最重要的就是不浪费时间。那些容易打消员工积极性的无理要求、出口骂人蛮不讲理的投诉者，尽可能由负责人去处理。为了不降低专门处理顾客投诉的员工的士气，经营者和现场负责人一定要努力负起责任来。

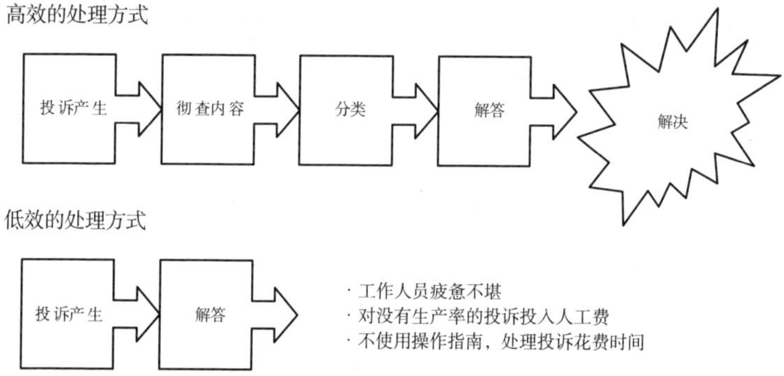

投诉处理如何效率化

其实，不管什么样的投诉，最好的解决方法就是快速处理。立即打电话联系、不找借口马上道歉是先决条件。尤其是通过邮件处理投诉时，很多时候无法让顾客感觉到诚意，因此我建议尽可能打电话向顾客道歉。处理投诉时，如果事先判断“这件投诉恐怕要花费时间”，就要迅速做出退货、退款以及换货处理，方为上策。另外，还要考虑到处理投诉所需要的人工费、负责处理投诉的员工由于精神痛苦而导致的工作效率降低等问题，选择对公司影响最小的处理方式。

如何处理店面存货？

问 8　如何处理卖剩的存货让我大伤脑筋。应该在店里打折销售，还是应该低价批发给折扣店？请教好的解决方法。

销售商品时，最头疼的就是在哪里处理库存的问题。卖剩的商品如果不及时处理，就会大大影响公司的资金周转，而且管理商品需要场地和费用，白白浪费成本，这些都是显而易见的问题。

但是，虽说卖剩下了，但如果在店里降价销售的话，就会失去那些最先购买商品的顾客的信任。而且，如果老是这样定期降价销售的话，就会给顾客一种“再等等会更便宜”的感觉，降低常客循环购买的频率。

这样一来，作为存货处理的地点，就只有折扣店了。可是，大多数情况下，这样做都会被买方钻空子，狠狠压价，最终以低价就把商品买走了。因此，虽然可以回避库存产生的风险，但另一方面却会降低盈利率，给接下来的资金周转带来影响。

如果库存商品数量不多，可以尝试一下卖给公司内部员工、客户、熟人等。这种以“员工折扣”的名义、采取非公开方式的促销方法，某种程度上，可以使库存商品非常畅销。同时，也可以开展提高优良顾客满意度的封闭式促销活动，以自由市

活用员工内部折扣

员工内部折扣是最容易吸引顾客、最容易销售商品的一种促销手段。

场的形式，将商品一下子全部销售出去。

如果库存商品数量较多，索性另外成立一家公司，在网上销售商品。雅虎购物、乐天市场等都是销售廉价商品的市场，因此即使价格设定得比批发给折扣店的价格稍高些，也能轻松销售出去。但是，也必须考虑到网页制作、订单管理等都会产生人工费的问题，做出冷静的判断："是否值得花费那么多的人力与物力去处理库存商品。"

如果想要解决长期存在的库存问题，就需要建立一个体制—— 假设商品经常卖剩，进货之前就考虑好处理方法。例如可以将库存商品制成成套商品，几个月以后作为特卖品出售，也可以换个名字一年以后再次销售，总之要在想出"剩余商品对策"之后再去进货。虽说商品不同情况也不同，但基本上过了 3 个月左右，顾客就不记得促销现场的事情了。因此只需要找准这个时机，就可以将库存商品以较高利润销售一空，平时就要掌握这种促销手法。

相反，将库存商品作为赠品送给顾客，这种方法我不太赞成。虽说赠品免费，但毕竟是剩余商品，所以顾客并不一定开心，而且，作为企业或者店铺的品牌战略也并非良策。

如果觉得库存商品十分"浪费"而采取了错误处理方式，很多时候结果就会适得其反，因此一定要多加留意。

■ “员工折扣”的有效促销方法

· **面向内部员工销售**

面向正式工、临时工、员工家属打折销售。既可以让顾客亲身感受商品，介绍给员工的朋友还有可能增加新顾客。

· **面向客户销售**

通过传真 DM 和广告传单告知客户，与客户之间建立信赖关系。对新客户尤为有效。

· **面向优良顾客销售**

只面向长期以来一直光顾本店的常客销售。能让顾客产生“我被选中了”的优越感。

如何宣传自身优点？

问9　自己公司的商品比竞争对手的商品好得多，我该如何宣传自身优点？请教好的方法。

就在几年前，想要宣传自家商品的优点，只需要使用广告宣传语和商品介绍，卖场的促销活动就能取得一定程度的成功。可如今，由于长期的消费低迷，顾客特别害怕“购物失败”，总是思考“与其他商品相比，这个商品究竟有多好”，把“比较”这种行为积极引入到自己的消费行为之中。

根据这种情况，我们可以认为，大力宣传与竞争对手的商品相比、自家商品“究竟有多好”，这才是最适合当今时代的促销方法。不过，毫不避讳地对对方公司及其商品指名道姓、并将其排挤出局的话，当自己置身于卖场众多商品之中时，一定会被敬而远之。再说，竞争对手也可以用同样的方式反击自己，开展“互相中伤”的促销活动，互相拖对方的后腿，徒增无谓的竞争。

如果不想对竞争对手指名道姓地宣传自己的优点，可以向顾客介绍一般的“基准”，这也是一种有效的方法。例如，某个婚姻介绍所打出广告语“每年促成 100 对”，对于普通消费者来说，100 对究竟是多是少根本不清楚，因此可以使用副标题“普通婚介所每年大约促成 30 对左右”来告诉顾客这个“基准”，同时也可以让顾客容易明白：“这真是一家不错的婚介所。”

这样一来，不但可以将本公司引以为傲的广告语深入顾客心中，还可以让顾客了解本公司“引以为傲”的信息在整个业界究竟占据什么位置，这也使本公司在顾客购买商品进行“比较”时，处于优势地位。

改善前的广告宣传语

30 家女性杂志纷纷报道的人气连衣裙。

↓

改善后的广告宣传语

本店开业以来前所未有！
转瞬之间即为 30 家女性杂志争相报道！
传说中的人气连衣裙。

比较型的广告宣传语

除此以外，通过自然而不做作的广告语来宣传本公司优点的促销方法还有很多。例如“您觉得报价高吗？请看看传单上我们的价格！”“挑战本地最低价格！”等，这些都是不需要对竞争对手指名道姓就可以宣传自己公司优点的典型广告宣传语。

大家想要通过举办比较型的促销活动战胜竞争对手的心理

我非常理解，但是这种露骨的促销大战有时反而会给消费者带来不舒服的感觉。因此，大力宣传自身优点的同时，避免使用直接、露骨的表达方式，这才是促销活动最为高明的地方。

竞争失败的原因

问10 尽管商业模式相似，促销手段相似，却永远是竞争对手的客单价更高。这是为什么？

只要是在促销现场工作过的人，至少都会有过一次这样的经历：自己的公司陷入一场降价销售的苦战，竞争对手却几乎不用打折，用接近定价的价格就能把商品销售出去。

可是，出现这种现象，基本上都不是店方的促销活动有问题，而是因为各自所拥有的不同“顾客层”。也就是说，并不是促销方法和商品力的区别，而是因为所拥有的顾客层中，有些优良顾客认为“要是这家店的话，即使用定价价格购买商品也可以”。这些优良顾客才是产生“差异”的根本原因。

举例说明。假设有一款化妆品在网上非常畅销，该化妆品的理念是以高年龄段的女性为主要对象，通过年收入和生活方式来筛选顾客层，通过访问销售的方式来拓展顾客。当然，这款化妆品的客单价很高，而且访问销售的方式可以增加与顾客之间的交流，因此即使是发送直邮广告，也能销售昂贵的化妆品。

但是，如果只抓住了“那款化妆品网上销售火爆”这一信息，就去模仿别人的成分和包装，作为新款化妆品销售的话，基本上都会以失败而告终。之所以会这样，是因为从根本上来说，作为对象的“顾客层”和销售“方法”不同，因此，虽然是同样商品，却无法取得相同的销售业绩。

而且，即使模仿别人的商品，但只要最终的顾客层不购买，就不会有好的效果，与顾客之间无法交流，就无法建立信赖关系，顾客就不会购买昂贵的商品。因此，从最终结果来看，即使是相同商品，顾客也不会购买。

事实上，只关注竞争对手的促销方法和服务，却忽视了最根本的“顾客层不同”，这样的例子在促销现场并不少见。尤其是竞争对手成立时间早、在业界首先确立某种商业形式的情况下，由于自身的先行者优势，早早拥有大批优良顾客，因此必然出现“客单价较高”的现象。

作为解决办法，只能暂时不再关注竞争对手的促销方法，大力谋求与竞争对手的不同之处。为了占据新的先行者优势，应该把重点放在促销手法和服务的独创性上，只有这样才能获得新顾客，并且从慢性价格竞争中摆脱出来。

■促销之外容易忽视的竞争对手的“不同之处”

· **成立时间早**

→先行者优势，拥有优良顾客。

· **法人交易量大**

→进货量大，即使打折销售也能确保利润。

· **网上销售量大**

→也能吸引顾客到实体店。

· **母公司规模大**

→能够投资进行大规模促销，也能进行设备投资。

如何与廉价商店抗衡

问11 **我经营家具店多年，但是最近附近开了一家大型廉价家具连锁店，无论是商品种类还是商品价格，本店都无法与之抗衡。请教解决办法。**

当市场陷入价格竞争时，就会产生“想要购买低价商品”的顾客群，反过来也会产生一批“不想购买低价商品”的顾客群，在考虑促销战略的时候，应该把着眼点放在这些顾客身上。

例如问题中的这种情况，就不应该把着眼点放在“想买家具的人”身上，而应该放在“不想买廉价家具”的人身上，这是考虑对策的第一步。不想购买廉价家具的人，“想要购买高档家具”“对廉价家具曾有过不好回忆”，基本上以上两点就是不想购买廉价家具的原因。因此，如果以这样的顾客为目标开展有效的促销活动、制定广告宣传语的话，自然就要凭借与廉价家具店截然不同的理念，将顾客吸引过来。

“想要购买高档家具”的顾客，某种程度上来说，很有可能是想要保持体面的富裕阶层。想要接近这些人，可以考虑向高档住宅区投递广告传单、提供高档品牌信息，如果资金充足的话，同时考虑到顾客工作比较繁忙，可以采用流动销售方式或者提供以旧换新服务，逐步接近富裕阶层，拓宽自己的销路。

而那些“对廉价家具曾有过不好回忆”的顾客，很有可能觉得家具“不耐用”“服务不好”等，对服务不满意，因此应该将诉求重点放在“经久耐用”“迅速快捷”等价格之外的因素上制作广告宣传语和传单，在吸引顾客上多下功夫。特别是在本店购买过家具的顾客，很有可能对廉价家具和高档家具做过比较之后再来购买，因此，对于这些有过购买经历的顾客，应该先投递直邮广告，看看他们的反应。

其实有关家具的商业形式还有很多，比如面向法人企业销售家具、家具租赁、家具翻新及修整、园艺家具等，可以把这些新的商业形式作为吸引顾客的工具，首先要做的是增加与顾客接触的频度，然后再考虑销售家具，可以把它作为一种销售家具的新方法尝试一下。

■对抗廉价商店的方法

· **挖掘喜欢高档商品的顾客**

例：工作体面的人、双职工夫妇、礼品、限定商品。

· **突出价格以外的优势**

例：重视效率、售后、增加店长和店员曝光度。

· **促销方法变化多样**

例：用高端材质吸引潜在顾客、增加回头客。

如果只是采购家具、销售家具，就无法谋求与廉价家具店和网上家具店的不同，因此必须选择顾客层、增加回头客，不要拘泥于一直以来的“常识”，早日形成自己独特的销售方法。

第 3 章

烦恼之三——如何开展促销活动

“每一次的促销活动都那么平淡无奇……”

面向优良顾客的促销活动

问1 我经营一家咖啡馆，像我这样的小生意也需要面向优良顾客开展促销活动吗？如果需要，什么样的促销活动合适呢？

我认为，即使是面向优良顾客，也要积极开展促销活动。加深与顾客之间的交流就是加深与顾客之间的关系，让顾客喜欢自己的商品和服务，提高商品的竞争力。另外，消费者在购买商品时，要么“重视价格”，要么“重视附加价值”，购买标准两极分化严重，为了引导顾客更加“重视附加价值”，需要将越来越多的顾客“圈粉”。

特别是最近，越来越多的顾客希望摆脱以往“蛰居消费”的模式，想要积极参加活动，却苦于缺乏“假日游玩场所”。因此，如果能够开展经济实惠的促销活动，即使距离稍远，顾客也会比以前更愿意参加本公司举办的活动。

促销活动不必刻意追求大规模，既然是咖啡店，可以让顾客免费品尝新到货的咖啡，也可以让顾客品尝亲手制作的点心，即使只是这样，也会让顾客感到非常满意。另外，促销活动结束以后，一定要将活动报告上传到店铺主页，如果能介绍一下活动当天使用的商品和提供的服务，更能让顾客身临其境，还可以作为提高网上销售力的素材使用。

但是，有一点必须注意，你要的究竟是“获取利润的促销活动”，还是“提高顾客满意度的促销活动”，二者必须严格区分。如果是获取利润的促销活动，就必须想方设法吸引顾客购买昂贵商品；如果以提高顾客满意度为目的，就必须准备大量礼品，不能让顾客掏钱。

面向优良顾客的主要促销活动

销售新商品、特殊商品	处理商品只面向优良顾客销售，也可以邀请优良顾客参加新商品、新开发商品的试销活动
与员工之间交流会	与员工一起举办餐会、烧烤、参观公司，提高员工主人翁意识
与顾客之间的讨论会	围绕商品召开意见交流会，既能听到客观的意见，还能让顾客喜欢上商品

当然，最重要的还是要根据具体情况随机应变，促销活动还是应该以“提高顾客满意度，获得优良顾客”为主要目的，因此，只有把促销企划看作一种“投资”，将目光放长远，才能有收获。

另外，促销活动的内容虽然也很重要，但更重要的是召集顾客。所以不但要向顾客发放DM，还应该打广告、告知同行、撰写新闻通稿等，充分活用各种促销手段。

开展促销活动的数量与回头客的数量成正比，因此应该尽最大可能制作促销企划，为顾客上门创造“机会”。

福袋的销售妙招

问 2　每年新年都要销售"福袋"，但销售数量却呈逐年减少之势。请问有什么好的促销方法能够恢复营业额？

我建议大家抛弃"福袋应该年初销售"的观念，大刀阔斧地在年末、年初分两次销售福袋。因为很多消费者在年末和圣诞节时把钱花得都差不多了，再加上工资还没发，所以年初绝不是一个手头宽裕的时候。12 月上旬，冬季奖金刚发下来，在这个时候开展福袋商战，既容易吸引消费者，福袋也容易销售出去，绝对是个好时机。

而且，最近的福袋市场情况复杂，三种价格的福袋远比单一价格的福袋卖得好。例如，如果只有一种 5000 日元的福袋，顾客没有比较的对象，不知道买完是赔还是赚，很难感到"实惠"。但如果有 3000 日元、5000 日元、10000 日元三种福袋的话，顾客很容易就会把 5000 日元的福袋当作"标准"，认为"买了也不吃亏"。不仅如此，如果分别给福袋起名字："标准福袋""买完绝不后悔的福袋""神之福袋"，明显将福袋分成三个档次，更容易让人联想到福袋里面的东西，方便顾客选择。

不过，最近很多商家福袋里面装的都是年末商战卖剩的商品，买到这种福袋的顾客，以后就会选择"远离福袋"，我觉得这也正是福袋市场销售低迷的原因。

三种价格销售福袋

本来福袋应该是“可喜可贺”的东西，最重要的就是给顾客带来超越价格的满足感，而绝不是搭配出售库存商品，因此必须充分考虑福袋里面究竟装什么好。尤其是购买福袋的顾客，很多都是一直信任该店、支持该店的老顾客，这些优良顾客新年伊始就买到不像样的福袋，对商店和商品就会失去信任，也有可能从此不再光顾。

当然，我也理解店铺想要控制福袋商品预算的心情，不过，为了提高顾客满意度，其实可以在很多促销方法上下功夫。例如，可以穿插一些不在店面销售的限定商品，或者采取“抽签”的方式，一旦中奖，奖品丰厚，给顾客一个惊喜等，这些方法都能提高盈利率和顾客的满意度，如果能在这些方面多下功夫，福袋的销售额自然就能得到回升。

如何提高2月营业额？

问3 虽然我是小本生意，但每年2月的营业额多少却会影响到整年的营业额。请问有什么方法能防止2月的营业额下跌吗？

2月营业额下跌最重要的原因就在于，与其他月份比起来，2月的营业天数少。如果不是闰年的话，与那些31天的月份相比，2月要少3天。因此，2月的营业额不如其他月份也是理所当然。而且，年末年初消费疲软的反作用，使得人们都勒紧了钱包，再加上严寒，人们都不爱出门，消费热情不高，卖场活力锐减，真是一个残酷的季节。

要想提高2月的营业额，首先要在前半月的促销企划上下功夫。平常月份的话，只要在大多企业的发薪日——25日以后加把劲，基本就能接近目标营业额，但是2月发薪日到月末的时间太短，要想实现目标营业额并非易事。因此应该尽可能将企划集中在营业额比较容易实现的前半月，例如只限定优良顾客的企划、销售新商品的企划等，最好提前制订2月上旬就能实现大部分营业额的促销企划。

另外，消费低迷的2月还有一件大事——“情人节”。除了点心、食材以外，装饰品以及其他礼品的需求也较多，因此，如果经营的商品恰好与情人节相关，一定要积极参加促销。即使是与礼品需求关系不大的商品，以此为契机，顾客也有可能会购买。所以作为卖方，一定要把这个“契机”与情人节联系到一起，向顾客做好宣传。

除此以外，2 月也是新生活开始的季节，毕业、入学、跳槽、调动、退休等，一系列的庆祝活动都需要礼品。同时，2 月搬家的人也比较多，如果实行“早期预约享有折扣”这种促销方法，可以通过销售礼品、室内装饰用品、日用百货等，实现 2 月的营业额。

2 月 9 日可以取其在日语中的谐音，以“肉之日”为名，出售与肉相关的料理或以肉为赠品，提高集客力和顾客满意度；2 月 3 日是“立春前日”，可以让店员戴上鬼的面具，发豆子给顾客，让顾客撒豆驱鬼，给顾客留下强烈印象的同时，也能使整个卖场气氛高涨。这些方法虽然朴实无华，但不妨一试。

■ 2 月其他促销活动

· **2 月 2 日“夫妇日”**

销售火锅等热乎乎的食物。

· **白色情人节促销**

2 月 14 日以后开始。

· **礼仪教室与技能培训教室**

面向刚刚踏入社会的新人。

· **严冬打折与下雪打折**

根据气温下降情况，不同天气实行不同打折企划。

总之，希望大家抛弃“2 月、8 月怎么做销量都不好”这种想法，以积极的态度渡过 2 月的销售难关。

巧用情人节商战

问4 我公司主要经营家具和住宅设备，最近由于经济不景气，希望能通过情人节商战扳回一局，请问有什么好的促销方法？

据说如果情人节那天刚好是周六或者周日的话，与情人节是平日相比，“人情巧克力（也叫礼节性巧克力，情人节时女性送给普通关系的男性的巧克力）”的需求就会减少，这是一个非常基本的销售情况。调查一下过去20年间情人节巧克力的消费情况我们就会发现，凡是消费量比上年减少的，都是情人节在周六、周日的情况，再加上现在经济不景气的影响，如果情人节刚好与周六、周日赶到一起，很难出现从前那样的情人节消费盛况。尽管如此，巧克力厂商一年的营业额中，仍有一成都是通过情人节巧克力获得的，这点没有任何变化。因此，情人节依然是一年之中不能忽视的一个重要促销机会。

如果情人节是周末，对旅游业、观光业来说是一个巨大商机。可以在特产卖场设置一个柜台，专门销售巧克力相关商品，同时使用突出的广告宣传语，让人们意识到今天是情人节。这样女性游客很有可能就会顺便购买与巧克力相关的礼品。

最近还有一种倾向，就是不管情人节在哪天，都要赠送亲手制作的巧克力，因此，厨房用品也可以借机开展大规模促销。

尤其是情人节当天，选择在家度过的情侣越来越多，如果能够锁定消费目标，无论是家具还是室内装饰用品，都有很大的促销机会。

例如，如果情侣双双来店购买被炉和床可以享受折扣，或者情人节巧克力手工制作教室可以和 IH（induction heating，感应加热）炊具展示会一起合作等，为情人节来店顾客创造“机会”，也有可能大大增加来店顾客的数量。即使自己的企划有些牵强，也不要认为“我的公司与情人节没有关系”而放弃，因为顾客对“情人节”这个词还是很敏感的，所以一定要有“想方设法利用促销提高营业额”的强烈愿望，认真制作企划，积极为顾客提供消费机会，大力参与促销活动。

点心、蛋糕之外的情人节主要企划

心形烟花	德岛县小松岛市	8点10分(日语发音接近“heart”)燃放幸运烟花
巧克力美容	Grand Prince Hotel 赤坂	住在带有巧克力美容服务的宾馆
巧克力口味啤酒	Bearen 啤酒厂	每年订单爆满的元祖巧克力口味啤酒

而且，即使是与巧克力毫不相关的企业，也可以通过制定与情人节相关的奇特规则，来引起电视和报纸等媒体的注意。最近就有这么一个例子，有一家婚介所发布新闻通稿：“公司内部禁止互送人情巧克力”，成为媒体关注的焦点。“情人节当天谁要给命中注定那个人送巧克力？就允许 TA 带薪休假”“情人

节购买巧克力的费用，公司承担 1000 日元”等，如果公司内部制订这样的独特企划，就算媒体不关注，也一定会在员工和客户之间成为话题，带来意想不到的相乘效果。

白色情人节促销法

问 5 领导让我负责白色情人节期间卖场的工作，但是由于无法制订合适的促销计划，卖场的销售情况一直处于低迷状态。如果有什么好的促销方法，还请不吝赐教！

情人节时，“女性送男性巧克力”已经是约定俗成的主题，因此在卖场布置上可以以简洁为主。但是，到了男性送女性礼物的“白色情人节”时，可以送的点心多种多样。而且，跟女性比起来，男性对礼物的需求意识较低，面对这样的消费对象，什么样的促销企划才有效果？

这种情况下，就不能非要以“男性”为目标来布置卖场，不如以“女性”为目标来制订促销企划，卖场也更容易布置。也就是说，不要考虑“男性想送什么礼物”，而要考虑“女性想要什么礼物”，这样卖场布置起来就简单多了。

例如，考虑到是男性顾客购买商品，因此特意把卖场弄成低沉的暗色系，只销售少糖、略苦味道点心，商品销售量反而会下降，因为不是男性买回去自己吃。相反，如果用粉色或者花卉图案来装饰卖场、陈列的商品也以女性商品为主，男性顾客很容易就能想到买什么作为礼物。而且，因为卖场装饰面向女性，即使与白色情人节无关，也可能有女性顾客想要给自己买点心，因此，这样的卖场比面向男性顾客的卖场更能提高购买力。也可以说，不必把卖场变成“男性礼品”的范畴，与情人节一样，按照女性的喜好来布置卖场，促销效果一定不错。

白色情人节卖场布置

以女性为对象布置卖场，促销效果会更好。

作为回赠礼物的甜品，可以是水果糖、棉花糖，也可以是面包卷，但因为是为了人情而送，所以与情人节一样，商品单价不高，但如果是想要送给自己“命中注定那个人”的回赠礼物，甜品最多也就是“赠品”，一起送出的礼物才是主角，而且很有可能价格不菲。

基于上述原因，白色情人节的甜品体积一定要小，要方便携带，不易变形。而且东西虽然小，但是看起来一定要上档次，这样的甜点作为送给命中注定那个人的礼物，每年都大受欢迎。

另外，与甜品一起赠送的白色情人节礼物，一直以来，舶来品和戒指等饰品很受人们喜爱。不过最近由于经济不景气，人们手头不太宽裕，所以带有本人名字或者定做的“原创”礼物比较引人注目。既不用花钱还能强调“世上仅此一件”的礼物特别能讨女性的欢心，这也是男性重要的一种节约方法吧！

不过最近又有一种“朋友巧克力”，在年轻人当中非常盛行，成为主流。女孩子间互赠巧克力逐渐成为一种“我们是朋友”的标准。另外还出现了一种“逆巧克力”，即普通关系的男性送给女性的巧克力。总之，有关情人节和白色情人节的巧克力市场发生了许多细微的变化，如果不能时时关注，很有可能瞬间就会落伍，因此必须多加注意。

■白色情人节广告宣传语

·“让她欣喜若狂的甜品前5名”

销售排行榜是选择商品的重要依据。

· **“小巧玲珑、便于携带的点心”**

针对周末约会或旅行，特意推荐。

· **“最适合送给女儿、妻子的礼物”**

锁定购买目标，使其联想到购买后的情形。

赏花时节促销法

问6 我经营一家旅馆，这里的樱花特别漂亮，是赏花名所。什么样的企划才能使与赏花相关的促销活动事半功倍呢？

每年3月上旬开始，樱花前线（预测日本各地樱花开花日期的地图线）沿日本列岛一路北上，全国各地纷纷开展赏花相关的活动。漫长的冬天终于过去，有了这些活动，世界一下子变得明亮起来，因此一定要通过赏花企划为一年的促销企划开个好头。

如果附近有赏花的好去处，建议大家推出“赏花包”，把与赏花活动相关的所有商品打包出售。盒饭以及其他食物自不必说，如果还能包含赏花“占地”服务的话，更能提高顾客的满意度，而且这种满意远远超过对价格的满意程度。另外，除了可以租借卡拉OK设备、配送酒水、饭菜以外，还可以租借被炉等取暖设备，这些作为可选项目都可能有需求（有时需要征得赏花场所的同意）。

但是，销售这种“赏花包”必须要考虑到雨天的问题。尤其三四月份，天气变化不定，特意安排的出门赏花计划，却因为下雨泡了汤，这样的事情时有发生。因此，为了以防万一，应该事先做好备用方案，如提前准备好室内会场或者联系延期事宜等，以保证即使雨天也不会给顾客带来任何困扰。

另外，这种促销企划，如果只是采取“待机”态势，肯定招徕不来顾客，因此必须积极开展促销活动。例如，可以给常客发送直邮广告或者打电话，还可以发送新闻通稿、在当地杂志上刊登广告等，积极进行促销宣传。尤其这段时期还是为新员工、新生举办欢迎会的时期，因此应该积极面向企业，通过销售“预售票”的形式，尽早获得顾客。

■赏花相关促销企划

· **销售“赏花”相关商品**

酒水、食物，户外商品也可促销。

· **开发“樱花”相关商品**

樱花相关的限定食品，每年都会成为新闻关注的对象。

· **配送、送迎服务**

预订赏花场所、上门烹饪服务、赏花者的送迎服务等都有需求。

而且，与樱花相关的促销企划都有一个特征，那就是每年都很容易成为媒体关注的对象。樱花既是季节变化的象征，同时也许是樱花给人热闹的感觉吧，因此也是报纸、电视，尤其是天气预报等积极争相报道的新闻之一。樱花形状的点心、赏花相关的商品以及其他以“樱花”命名或是能够联想到樱花的商品，都有可能被媒体大规模报道，因此，即使是与赏花毫无关系的行业也一定要积极推行促销企划。

一旦经济不景气，这种无须花费金钱的户外活动最能吸引顾客，因此只要天气好，就一定能够取得期待的促销效果。

母亲节卖鲜花

问7　我在商业街经营一家咖啡屋，今年母亲节我想在店里卖鲜花，请问有什么好的方法能让我竞争过花店吗？

“母亲节卖鲜花”，乍一看好像是能赚钱的买卖，实际上这种做法太“业余”，并不容易获得成功。

首先，母亲节期间，除了花店以外，又新增了不少销售鲜花的店铺，就连专业花店都一瞬间淹没在竞争的海洋。因此，或者是地段特别好，或者舍得大量投入广告费来提高集客能力，否则很难在残酷的母亲节商战中脱颖而出。而且，一到母亲节，鲜花的进价也跟着水涨船高，照顾鲜花不但费事，盈利率还低，这也是一个问题。另外，还有一个比较大的问题就是，与其他花店相比，很难找到自己花店鲜花的独特之处，花束看起来也大同小异，无法通过增加附加值来提高客单价。因此，现实是：母亲节卖鲜花，卖得越多赔得越多。

不过，只要稍微改变一下广告宣传语和促销方法，就算是业余卖花，也有可能取得成功。首先设定一个前提，假设母亲节买花的人，基本都是“对花兴趣不大”的人，然后再去考虑促销手段。也就是说，要把焦点放在那些“想要送花的人”，而不是“想要得到花的人”身上，来思考浅显易懂的广告宣传语，这样才能提高卖场的销售力。例如，如果广告语是“我们家的花束比别人家的大”，那么即使买花的人对花一无所知，也能想象到送花后的情形，还会觉得买得很划算，愿意购买。如果卖的是盆花，就可以使用“比花束更长久”这样的广告语，作为可以长久保存的礼物一定受欢迎，因此，每年母亲节，盆花作为默默无闻的礼物，都备受关注。

“母亲节”鲜花销售中的受欢迎企划

出售大花束	对鲜花一无所知的人也会觉得实惠
出售盆花	“能长久保存”更受老年人喜爱
以新员工为对象	第一笔薪水刚好用来购买礼物
与甜品搭配出售	经济不景气时，“打折企划”更受欢迎
与父亲节礼品搭配出售	父亲节用宅急送配送礼品，搭配销售提高客单价

您说您在商业街经营咖啡馆，如果那里工薪阶层较多的话，可以尝试一下以新员工为目标对象进行促销。新员工 4 月开始工作，拿到第一笔薪水，应该就是在母亲节前后，可以说他们才是最容易购买的人群。

因此可以面向新员工，实行打折销售，但是只限新员工。可以使用广告语“用人生的第一笔薪水，送妈妈一份母亲节礼物吧”，并赠送留言卡和精美包装。这样做即使是在对手如云的母亲节商战之中，也能独树一帜，吸引更多客单价较高的鲜花。

父亲节畅销商品

问8 父亲节我想开展促销，可是又不知道卖什么好。请问父亲节什么商品最畅销？有什么好的促销方法？

父亲节是一年当中鲜为人知的促销节日之一。母亲节一般以“送花”为主，其他商品很难销售，但父亲节却没有固定要送的礼物，因此，任何商品都可以参加“父亲节”的促销活动。而且，从孩子的角度来说都有一种“自尊心”——“送给爸爸的礼物必须是高级货”，因此相对来说单价较高的商品更受欢迎。

前面问到“作为父亲节礼品，什么样的商品才能畅销”，除了前面几章曾经提到过的钱包、领带等礼物以外，如果能加上吸引顾客“注意”的广告宣传语，那么不管什么商品，都可以作为父亲节的礼品，开展促销活动。

例如，床上用品店可以有这样的建议：“爸爸能一觉睡到天亮吗？”这样顾客就会对羽绒被和枕头产生新的需求。药店可以通过“给爸爸送长寿”这样的提案，让顾客选择预防高血压的健康食品或者减肥套装作为礼物送给爸爸。

■父亲节商战促销公式

商品＋父亲＝“父亲节礼物”广告宣传语

例 1：自行车 + 父亲通勤 = “为了爸爸的健康，送辆自行车如何？”

例 2：厨房用品 + 父亲休息日 = “喜欢做饭的爸爸帅得不得了！”

由于从小与妈妈接触得多，在一起的时间长，所以很容易想到送什么礼物能得到妈妈的欢心，但是也许是平日与爸爸接触较少的缘故吧，很难确定“这份礼物爸爸会不会喜欢”，因此，父亲节促销时，可以使用提案型的宣传语，让顾客意识到“这种礼品爸爸一定会喜欢”。

在提供包装服务和留言卡时，应该给顾客出示实物或者照片，尽最大努力让顾客联想到具体情形。特别是如果能把孩子向父亲赠送礼物的照片制作成海报或者刊登在主页上，更能让顾客联想到自己亲手把礼物送给父亲的情形，这也是刺激顾客购买欲的一种方法。

如果不能让顾客联想到具体情形，父亲节的商品就卖不出去，虽然这是实际情况，但也说明平日里父亲的存在感是多么微弱！所以，就我个人来讲，我真心希望大家在父亲节的时候，能够积极主动赠送礼物，让爸爸开心、快乐！

暑假集客计划

问 9　我经营一家旅馆，有什么好的促销方法可以让我在暑假里既可以少花钱，又能吸引来顾客呢？

如果住宿设施预算较低，还想要吸引顾客，制订企划时就必须有意识地考虑到“必然性”和“话题性”两个概念。

“必然性”是指顾客迫于需求、自己主动前来的企划。例如，一到暑假，孩子们必然会有“自由研究”这样的暑假作业，因此可以考虑“暑假作业与家庭旅行同时进行”的企划，中间穿插理科实验和短途旅行，这就为“住宿”提供了“必然性”。如果离大海较近，可以以海边游玩为主题进行自由研究，如果附近有战国时代的城堡，可以进行历史相关的自由研究等等。总之，如果用第三者的眼光去寻找，就会发现旅馆周边有许多意想不到的、可以进行自由研究的主题。同时，还可以让员工充当讲解员，介绍如何归纳自由研究的笔记，或者亲手制作宣传册送给顾客，这些都是顾客满意度极高的企划方案，同时还能增加回头客。

还有一个“话题性”，“话题性”是指旅馆方面主动提出的、容易被媒体作为新闻报道的企划。例如，酷暑时节气温越高住宿费折扣越大，这样的企划，很有可能作为天气预报相关新闻而被报道。另外，电视台的信息调查员经常在网上输入“酷暑折扣”这样的关键词检索信息，如果把企划信息刊登在主页，即使不向媒体投稿，媒体也会主动前来采访。

暑假期间旅馆等的促销企划

· **“必然性”的促销企划**

自由研究等企划必然能够找出让顾客住宿的理由。

· **“话题性”的促销企划**

通过天气预报等与地域性紧密相关的企划，得到媒体采访。

与暑假集客相关的旅馆促销企划

自由研究企划	以暑假自由研究为主题的住宿企划
酷暑企划	气温越高、折扣越大，媒体反应不错
体验活动	拉拖网、收农作物、制作陶器等体验活动受欢迎
戏水活动	即使只是转动洒水车也能成为话题
单独为孩子提供的住宿企划	暑假希望单独让孩子住宿的父母比预想的要多

这些充满了“必然性”和“话题性”的企划，使得面向优良顾客的直邮广告和新闻通稿等促销策略变得更加重要，因此应该尽早开展促销活动。而且，这些个性十足的促销企划，在暑假期间能够实施多少，也是通往成功的关键。“话题性”“必然性”较强的企划，有可能会使商品畅销，但是由于目标对象过于明确，反而有可能导致集客失败，因此无论成功还是失败，结果都不容小觑。也正因为如此，主办方应该多多制订个性企划，将风险分散开来，还可以从众多企划当中找出最好的企划，积极应对各种问题。

当然，多次制订这一类型的促销企划绝非易事，但是不需要花费费用就能吸引顾客实属难得，所以必须做好思想准备，花费一定程度的时间、精力，承受一定程度的辛苦。

如何防止8月营业额下滑？

问10 每年一到8月营业额就下滑。请问有什么好的促销方法能防止夏季营业额下滑吗？

8月没有什么特别的促销企划，中间还有一个盂兰盆休假，因此这个时期公司很难提高业绩。而且，由于夏季炎热，不但导致食欲和行动力减退，就连人们的消费意识也跟着下降，再加上日本独特的气候问题，都给8月的营业额带来了巨大的影响。

我作为经营顾问，针对如何提高8月营业额的问题，迄今为止想了不少办法。但是，非常遗憾，并没有什么促销魔法能使营业额发生戏剧性的改变，这就是8月的现状——广告效果不明显，与其他月份相比，人们对新商品与新企划的兴趣也不大。

不过，对于那些观光设施、旅行相关以及提供盂兰盆休假相关服务的公司来说，8月份却是一个赚钱的好时节。只要开展相关的促销活动，就能提高营业额，但是对于那些不具备上述条件的公司来说，8月“什么都不做”，反倒能够控制固定成本，提高盈利率。

因此，关于如何提高8月营业额的问题，最好还是不要有期待，以“如何控制经费度过8月”这种“等待”的态度贯彻始终才是最合理的。好不容易时间上才有了富余，刚好利用这段时间，好好考虑一下年末商战的促销企划，或者开发新商品，方为上策。

再说，正因为营业额停滞不前，才应该大胆尝试新的企划。平日里觉得“这样做有点过了吧”的企划，在如今消费低迷的情况下，也许会大受欢迎，而且就算失败，也不会有太大的损失。

但是，即便如此，仍然有很多企业想要通过自己的努力来提高8月的营业额。

这个时期还有一个相对来说比较可行的促销方法，那就是为了即将到来的9月“敬老日”，提前实行打折销售。另外，这段时间在家中度过的人比较多，因此，家人游戏、厨房用品、室内装饰等相关商品，要比其他商品好卖得多，可以在这些方面多下功夫，实行促销企划。

每年一到8月“营业额就停滞不前”，虽然越来越多的经营者都有这样的烦恼，但事实上，8月这个月份，很多业界的营业额都会下滑。因此希望大家不要慌张，提前做好充分准备，早日度过艰难的促销季节。

■ 8月有效的促销三法

· 尽量控制经费

开展既不浪费经费又能控制广告费用的促销活动。

· **大胆尝试新的促销企划**

尝试那些能够大大改善公司形象的促销企划。

· **准备参加年末商战**

制作促销道具、重新考虑促销手段和销售方法。

萧条期的促销方法

问11 **每年一到11月，我就开始为没有像样的促销活动和促销企划而烦恼。请问，这个时期我应该开展什么样的促销活动？**

10月和11月促销活动看起来比较多，但实际上像母亲节和情人节那样经济效果显著的促销活动并不多，甚至可以说是很难制订促销企划的季节。因此，这段时期，不要一味模仿，而应该自己认真思考，举办独具特色的促销活动，也就是所谓的“自给自足”，积极制订促销企划。

秋季是游玩的季节，最适合秋季的是叫作“收获节”的促销活动。这个活动既可以在蔬菜直接销售处进行，也可以让顾客免费品尝秋天的味道。既然叫作“节”，就应该办得盛大，还应该让顾客感到实惠。例如可以举办大把抓米、蔬菜装袋等比赛，这种既不需要花费成本，又能给顾客带来实惠感的秋季味觉盛宴，既能提升店铺形象，又能提高常客的满意度，因此应当灵活使用。

另外，还可以多想一些能够给顾客带来新鲜感的促销活动，例如起个“××集市”的名字，起名“破烂集市”，销售特价商品，或者起名“轻卡集市”，在轻型卡车上装满商品，以移动售货的方式销售商品等。总之，用不同以往的销售方法，呈现出与店铺截然不同的一面，这种促销方式非常有趣，一定不会让顾客感到厌烦。

如果是服装行业相关、不适用普通促销企划的话，可以起名“秘密促销”或者“秋季特典”等，通过向优良顾客投递直邮广告的方式传递信息，以短期集客为目的，策划促销活动。当然，年末商战即将到来，想要开展大规模的促销活动恐怕很难，但越是活动少的时候，越能加深与优良顾客之间的交流，让顾客觉得“自己被当作常客对待”至关重要。

■促销活动较少时的促销企划

- **“××纪念日”**

  例：开店纪念日、创业纪念日、店长结婚纪念日、解禁纪念日、优胜纪念日。

- **“××会”**

  例：主妇会、爱酒会、铁道之友会、夜宴会。

- **“××大赛”**

  例：摄影大赛、挑战大胃王、忍忍忍大赛。

一旦具备了“自给自足”的能力，即使是在促销活动较少的 4 月或者 6 月，也能想到新的办法提高营业额，还能想出意想不到的热门企划，成为当季营业额的支柱。那些看起来多少有点“傻里傻气”的企划，往往有可能成为一匹黑马，因此千万不要一开始就放弃，一定要坚持“做着试试”，想出独具匠心的促销企划。

年末最后一搏

问 12　12 月将迎来真正意义上的岁末商战，在此之前，我希望能再次提高顾客的消费热情，请问有什么好的促销活动吗？

11 月是年末商战的助跑之月，早些实行打折销售、处理商品虽然能够提高营业额，但是只能进行一些利润幅度较小的促销活动，经济不景气的局面依然会持续。

而且，12 月也是顾客在消费方面处于观望的时期，再加上 11 月中旬会发布上市公司 7 ~ 9 月的业绩，如果业绩不好，媒体就会大肆报道，因此顾客一定会持观望态度。

这种情况下，促销活动较少的 11 月，能够引人注目的只有 11 月 22 日“恩爱夫妻日”。该纪念日始于 1988 年，虽然不像父亲节、母亲节那样热闹，但除了孩子会送给父母礼物之外，夫妻之间也会自己庆祝。因此，作为促销活动，其潜在能力绝对不容小觑。最近，越来越多的夫妻选择在 11 月 22 日这天入籍，“恩爱夫妻日”的知名度也越来越高。因此，在这一天销售礼品，实行商战，能够提高客单价，想要给年末商战注入活力的公司，不妨借此机会，积极筹措，进行促销。

说到“恩爱夫妻日”的固定礼品，就是与“夫妻”相关的商品。如茶杯套装、筷子套装等“不同颜色不同尺寸的两件同款商品”，最适合作为礼物送给对方。如果不经营“夫妻”相关商品，可以出售夫妻一模一样的商品，作为 11 月的限定商品。同时，“恩爱夫妻日”很容易成为媒体采访的对象，如果能被大型媒体报道，就能提高知名度，在年末商战中处于有利地位。

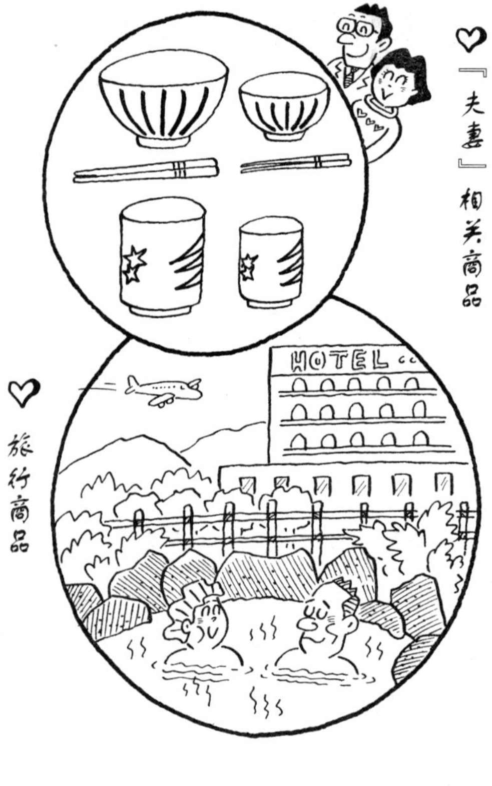

“恩爱夫妻日”（11 月 22 日）的畅销商品

· **“夫妻”相关商品**

以夫妻茶杯、筷子、成对商品、嵌入名字的商品等为主流。

· **旅行商品**

夫妻二人的旅行券、包住宿的旅行等很受欢迎。

如果 11 月 22 日刚好是周末，旅行相关的需求也有可能会增加，因此可以实行夫妻限定的旅馆打折服务、发放夫妻饮食打折券等，只要事先做好通报，一定会吸引大量顾客前来。

同时，“恩爱夫妻日”是在圣诞节商战前一个月，作为礼品空档，正是最好的时机。而且，每年这个时期突然需求都会大增，因此千万不要放弃，将促销活动进行到最后。

从一整年来看，“恩爱夫妻日”促销只不过是一个小小的促销活动，但如果这样的促销活动累加起来，一定会大大影响回头客的数量，因此就算今年反响不好，也一定要想办法加以改善，来年继续挑战。

岁末商战，还来得及吗？

问 13 有什么好的促销活动，即使 12 月上旬开始实施也不算晚呢？

年末商战事实上从 11 月就已经开始，而给优良顾客发送 DM 推销商品、早期打折等服务，早的话 10 月上旬就应该开始，因此，12 月上旬才开始准备年末商战的话，要想在越来越早开始的年末商战中胜出，说实话绝非易事。

但是，年末毕竟是一年当中最大的消费旺季，只是因为准备晚了就放弃的话，实在是白白浪费了一个大好机会。就算是 12 月上旬开始，只要将来得及开展的促销活动一个一个进行下去，挽回损失也是有可能的。

如果 12 月上旬开始准备年末商战，就需要将优良顾客的名单列出来，逐一发送传真或者明信片，介绍年终奖相关商品和年终礼品的销售情况。如果花些预算，直接用“快信”寄送直邮广告的效果更好，收件方会好奇究竟寄来了什么，信件开封率提高，反响自然也就不错。

其次要以圣诞急需为目标。无论是年末商战的广告、卖场还是商品，即使从 12 月上旬开始准备，最终也会因为匆忙准备，促销效果不太好。因此，不如稍微错开一段时间，在其他对手喘息之际，锁定 12 月 20 ~ 25 日，开展促销活动。这段时间内也许就会让您提高营业额。尤其是下班回家的通勤路上或者闹市的空地，都有可能蕴藏着巨大商机。另外，这段时间处于圣诞前夕，突发事件多有发生，例如本来被预约的广告栏突然被取消、圣诞卖剩的商品亟待处理等，因此应该提前建立弹性体制，以便能够立即应对这样的商业契机。

不只是圣诞节，父亲节、母亲节、敬老日等的促销活动，都存在由于错过购买机会而产生的突然需求，而且这种需求非常强烈。因此，即使促销开始得较晚，也一定不要放弃，坚持将促销进行到最后。

现在开始也为时不晚的年末商战

提前打折	根据顾客名单，制订年末商战提前打折计划
突然需求	蛋糕、鸡肉、圣诞礼物等冲动购买较多
吉祥物企划	与来年生肖相关的企划，极容易在年末年初被媒体作为新闻进行报道
大扫除相关	以旧换新、收购之外，也有退换等服务需求

除了上述商品，年末还可以销售日用百货或者大扫除相关商品、易于保存的商品、越年面（日本人年三十晚上吃的荞面面条）、年初礼品等，实际上 12 月 25 日以后还有这么多的促销机会。越是其他公司准备过年的时候，越能发现一些畅销商品和服务，因此年末的时候，应该认真思考一下什么样的商品是畅销商品。

话虽如此，促销战略还是应该提前确定下来，因此，认真反省今年的失误，总结经验教训，明年的年末商战一定要及早行动。

岁末年初的促销策略

问 14 **过年我也不想放假，打算一直营业，可又不知道怎么做才能确保营业额。请教岁末年初的促销方法。**

以岁末商战为开端，奖金商战、圣诞商战紧随其后，12 月的促销商战一个接着一个，但是进入 12 月下旬，很多公司却开始松懈，从圣诞过后到正月头三天，中间还夹着年末年初，这么长的时间却没有任何促销活动。最终不仅波及 1 月的促销活动，甚至还会给 2 月的营业额带来极大影响。

12 月下旬如何“准备”，直接影响到 1 月、2 月的营业额，从某种意义上来说，保证了年末年初的营业额，也就等于给未来一年的营业额注入了活力。这位咨询者过年也不想放假，打算一直营业，这种劲头一定会使他来年大有作为。

实际上，年末年初的促销活动、商业契机，远比我们想象的要多得多。以食品为例，“年糕”和“越年面”就很适合做促销。年初拜年用的西式糕点和日式点心、酒类等，也是年末年初的畅销商品。

另外，与生肖相关的促销活动，一到年末年初，就成为媒体报道的对象。负责采访的记者，年末年初也想早点放假，因此即使日程提前，也会积极前往采访。相对于其他季节来说，年末年初的新闻通稿采用率要高得多。

除此之外，在年末年初这段时间，初次参拜、初次出门等相关活动、海外贸易、大扫除、回收闲置商品、修理修复服务等需求较高。同时，网络相关的商业形式也比较突出，比起电脑，使用手机购物的人越来越多，因此应当在手机网站链接、智能手机检索、关键词广告等方面加大促销力度。

很多人都希望在年初能有一个新的开始，所以这段时间也是信息商品部门和培训部门的集客旺季。调查结果表明，新年假期结束后，有七成的人意识到自己有“过年肥”，因此与减肥相关、健康相关的信息商品，在年初就有巨大商机。

年末太忙，很多人可能顾不上在12月去思考来年的事情，但是，这段时期非常关键，提前采取措施，比一味地竞争更容易与对手拉开差距。因此一定要认认真真、一丝不苟地将促销活动坚持到新年假期结束。

年末年初的促销活动

圣诞过后	圣诞节剩余商品、打折商品
年末为止	回收闲置商品、生肖企划案、修理修复、越年面
正月头三天(1～3日)	年糕、年初拜年礼品、元旦促销
3日以后	信息商品、培训班介绍、减肥相关

第 4 章

烦恼之四——公司内部体制、新商业模式

“新商业模式无法走上轨道……”

开始新的商业模式

问1　本公司主要销售服装，但是最近我打算和一位专做糕点的朋友一起开家咖啡馆，兼卖甜点。请教生意兴隆的秘诀。

请允许我先说结论，虽然有些骇人听闻，但是您说的这种新的商业形式非常容易失败，建议您还是重新考虑一下。

首先，想要开始一种新的商业形式，如果这种商业形式又与现有的商业形式相差悬殊，风险极高。现在的经济形式本来就不容乐观，外行想要凭借老一套的商业形式赚钱都很难，更别提什么新的商业模式了，所以还是应该正视一下严峻的现实。而且，甜点这种商品本身很难做到与其他店铺完全不同，再加上培养固定客源相当花费时间，因此，如果没有充足的现金、无法通过先行投资获得新顾客，周转资金可能都坚持不到有回头客的那天。

与专做糕点的朋友一起开店，这也存在很大隐患。专做糕点的手艺人，恐怕会比拥有经营权的社长更有发言权，如果不假思索地完全听他的话，不知不觉就会把利润置之度外，设备、原材料、人工费等都会出现入不敷出等问题。作为合作方的糕点师，可能会说“只要味道好，就能吸引顾客”，但是要想让顾客了解“味道好”，需要花费一定成本，而且就算顾客知道味道确实好，但是人的味觉千差万别，几个顾客再喜欢这种味道，也是和营业额不成正比的。

这个新的商业形式最大的问题是，优先考虑的是“自身情况”而不是如何“获利”。只是碰巧有个朋友是做糕点的、碰巧有空房子可以租到，所以才有了这个“兼卖甜点的咖啡馆”产生，这与市场动向和顾客需求没有一点儿关系。认识一个会做美味糕点的朋友，这只是经营者的借口，跟顾客没有任何关系。

与其开始这种风险极高的新事业，不如重新规划一下现有的女性服装事业。既然经营者如此轻率地把目光投向了新的商业形式，说明他很有可能是对现有的商业形式产生了“厌倦”心理，导致现有商业形式管理不善。就像俗话说的，“东西都是人家的好（这山望着那山高）”，做生意赚钱从来没有一蹴而就的。想要开始一种新的商业形式，不能只凭一时高兴和自己的感觉，只有客观审视“为什么要赚钱”，才能提高成功的概率。

建议您务必重新考虑一下您所说的新的商业模式。

以富裕阶层为主要对象的销售秘诀

问 2 **听说最近高档化妆品和其他高端品牌的商品销量不错。请问以富裕阶层为主要对象的促销活动有什么必须注意的地方吗？**

首先必须清楚的是，被称为富裕阶层的所谓“有钱人”，绝不是喜欢“乱花钱”的人。“有钱人”之所以有钱，从根本上讲是因为他们擅长赚钱和储蓄，而且成本意识极高，首先必须认清这个现实。也就是说，所谓的富裕阶层，他们对消费信息的收集和辨别能力极高，“不会轻易花钱”，实际上他们是最不好对付的消费者。

如果不了解富裕阶层的这些特征，单纯认为“有钱人就爱乱花钱、就喜欢高档货”，以此为理念开展促销活动，那么以失败而告终的概率非常高。就算你有气派的商店格局、提供最好的服务、最好的商品，但徒有其表的促销活动，很容易就会被富裕阶层看穿。

如果想跟富裕阶层做生意，就要在促销上花“时间”。要一边踏实地在广告上进行投资，一边吸引顾客。直邮广告也应该在促销活动开始之前投递，要定期给以提供信息为主的媒体投稿，下力气花时间加深与顾客之间的联系。花费如此多的精力与时间开展促销活动，与顾客之间一定会产生金钱买不到的“附加价值”。只有这样，富裕阶层才会购买高档商品，享受高档服务。

顾客之所以被高档商品所吸引，与其说是因为商品的本质，不如说是因为商品本身所拥有的历史、背景、知名度等，后者在购买理由中占有很大比重。例如，同样是手提包，一款是金钱能够买到的非常方便的包，另一款是没钱肯定买不到的、“附加价值”很高但是很不方便的包，作为富裕阶层的特殊消费活动，其消费欲望一定会偏向后一款。

■富裕阶层的特征

· **成本意识高**

得失判断非常苛刻。

· **明显喜欢社会地位高的东西**

竞争意识强，收入高。

· **喜欢被“特殊对待”的服务**

喜欢被区别对待，地位优越才能心里舒服。

· **讨厌不遵守时间、生活散漫的人**

对于金钱买不来的时间要求极其严格。

事实上，认真了解一下富裕阶层所喜爱的一部分高级化妆品和高档品牌，我们就会发现：厂家都有悠久的历史和优良顾客名单，而且，由于这些厂家广告费用充足，可以进行大规模宣传，所以“面向富裕阶层做生意”才能获得成功。但如果广告费用少、历史又短的企业和商品想要在市场中立足，就只能花费大量“时间”，一点一点向富裕阶层渗透，才有可能抓住富裕阶层。

尽管如此，要想提高附加价值，只要踏实花费时间和精力，即使是中小企业，也一定能够获得富裕阶层顾客群。因此，如果今后想要与富裕阶层做生意的话，这绝对是一个高瞻远瞩的好方法。

环保商品的销售方法

问 3 **今后我想致力于环保商品的销售，请教有效的促销方法。**

近年来，政府非常重视环保事业，环保经济的势头越发高涨。而且，媒体也经常报道环保相关信息，消费者对于环保商品也越来越感兴趣。

但令人遗憾的是，环保商品与促销活动很难联系起来。例如，销售使用可再生材料制成的饭盒时，即使宣传“这是环保商品”，但如果价格比普通饭盒价格高 2 倍或者 3 倍的话，消费者根本不会购买。另外，虽然提供的是环保服务，但如果手续繁杂或者需要交纳年会费的话，大多也会以失败告终。

也就是说，关于环保经济，如果是“一不留神，节约就成了环保”这样的商品，反响就会不错，但如果“因为是环保商品，所以价格较高”“因为是环保商品，所以操作有些麻烦”的话，就很难被市场接受。

而且，以前我曾经看过一个关于环保意识的问卷调查，针对“今后你想参加什么环保活动”的提问，回答结果占第一位的是“自带环保袋”、占第二位的是“垃圾分类”、占第三位的是“关好水龙头”。透过该调查结果，我们也能窥见消费者的环保意识，那就是“不想花钱”。另外，该问卷调查还有一个非常现实的结果，那就是回答“购买家电商品时，介意环保等级”的消费者中，有大约77%的人回答在购买家电时更“重视价格”。

从这个调查结果我们可以发现，虽说是环保商品，但如果不强调“经济实惠”的话，商品是卖不出去的。使用“绿色环保，关爱地球”这样的广告宣传语，商品很难进行促销，远不如使用“节约电费”“安装简单，节省水费”等，这样明确强调经济实惠的广告宣传语更加有效。

环保商品畅销条件

名字通俗易懂	“环保节省君”这样的名字通俗易懂
利于节约	节省饭费和煤气费
使用方法简单	“垫上即可”“只需放置”等最受欢迎
效果显而易见	“CO_2排放量减少30%”不如“电费节省300日元”
有益健康	有益健康，净化空气，更能吸引消费者

很多时候，环保商品都是卖方在自我满意的前提下开发出来的商品，但是我认为必须先制订合适的促销战略，保证商品能够“卖出去”，然后再去开发商品。那种明明战略错误，但是“反正现在流行环保，尝试销售环保商品吧”的促销方法，是绝对不可取的。

环保商品畅销条件

环保商品不但要能保护环境、关爱地球，还要让人感到“经济实惠”。

进口日用品的销售方法

问4 **我打算从巴厘岛进口亚洲百货商品在日本销售，请问有什么好的销售方法吗？我是个体经营，所以最好是不需要花钱的方法。**

不仅是巴厘岛，去亚洲任何一个国家旅行，看到琳琅满目的日用品，都会忍不住产生“把东西运回日本去卖”的想法，这种心情可以理解。而且进货价格低廉，日元持续走高，利润极为可观，这种情况下，想要从事进口商品贸易的想法，并不是错误的。

但是，遗憾的是，想要依靠小成本从外国进口百货商品销售，这种商业形式成功的概率并不高。首先，“百货商品”的对象——顾客——的喜好各不相同，进口的商品很有可能卖不出去。因此，如果一定要以较少的预算采购商品，很有可能导致无法分散风险，留下一堆“滞销商品”。而且，既然你有可以从海外进口货物的渠道，那么别人就有可能有更加便宜、进货量更大的进货渠道，尤其是日用百货，本来在价格和商品力上区别就不大，因此很有可能被卷入与其他公司的销售竞争当中。

基于以上原因，从国外进口日用百货销售，虽然进货容易，但是销售存在很大壁垒，不适合小资本运作。虽然你想要开一家亚洲日用百货店，但毕竟对象有限，很难吸引顾客；在网上销售的话，一是网上的竞争对手也不少，二是百货商品的检索关键词不够明确，顾客很难搜索到商品，因此就算花费再多的时间和精力也是徒劳无功，商品根本卖不出去。

海外“畅销商品”与“滞销商品”

进口商品中的畅销商品

	原因
还未进入日本市场	竞争小
利润高	因为进口商品需要各种费用，所以前提条件是进口后能取得高利润
有狂热的粉丝支持	能够在网上搜索到，容易吸引顾客

进口商品中的滞销商品

	原因
进价便宜	进货轻而易举，其他公司可能更便宜
可爱	畅销商品分布不均
朋友想要	市场范围过于狭窄

但是，如果不是面向东南亚，而是把目光投向全世界的话，情况会稍有不同。例如销售日本市场没有的进口汽车或者摩托车配件，如果再配上详细的日语说明增加其附加值，也许一下子就能吸引住在网上搜索该商品的人。因此，如果具备“还未进入日本市场”“利润高”“有狂热的粉丝支持”三个条件，即

使是进口贸易，依靠小资本成功运作也是有可能的。

不过，如果是“进价便宜”“可爱”“朋友想要”这种目光短浅的市场感觉，很难从事进口贸易，建议重新考虑其他商品、海外其他地区进货。

如何开发联合商品？

问5 我想与其他厂家一起开发联合商品，在开发过程中应该注意哪些问题？

最近，不同行业不同厂家之间的联合商品（以下简称联合商品）在市场上大受欢迎。饮料厂家与糕点厂家共同开发出来的饼干、盒饭连锁与食品厂家共同开发出来的速食拉面等，因为充满了意外性与话题性，成为如今的人气商品。

联合商品之所以容易被市场所接受，主要原因就在于作为商品具有“稳定感”。因为由知名厂家或者知名人士共同开发，消费者就会觉得“这一定会是好商品吧”，他们感到有了保障，就会毫不犹豫购买该商品。尤其是消费低迷时期，消费者特别“不希望购物失败”，所以具有“稳定感”的联合商品，相对来说，容易被紧握钱包的消费者所接受。

可是，这样看来，从某种意义上来说，联合商品需要企业双方都具有一定的知名度，否则商品就不容易成为畅销商品。市场渗透力不够的商品、企业，或者知名度不太高的人士之间的企划，就无法让顾客放心，联合商品就有可能半途而废。那些由于经营者或者营业负责人之间关系不错而开发出来的联合商品，或者与熟悉的艺能事务所介绍的名人合作开发的联合商品，之所以在市场上不受欢迎，就是因为没有从上述客观角度看问题，其失败也是必然的。

如果有自知之明，知道自己的企业和商品在市场上知名度都不高的话，建议与“知名产地”进行合作，共同开发商品。例如“与青森县苹果大户共同开发的点心”“与新泻酒厂共同开发的下酒菜”等，只要是知名产地，就可以借用其知名度，提高联合商品的品牌力。

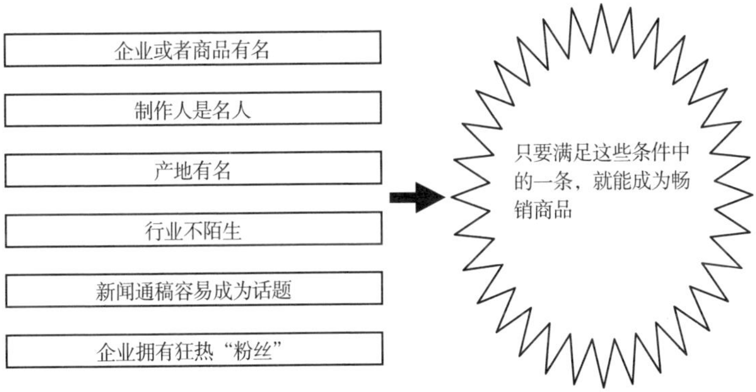

联合商品畅销条件

另外，与“熟悉的行业”共同开发商品，对中小企业来说，也是一个比较容易实行的企划战略。“与医生一起研发的内衣”“与鱼店一起开发的刺身酱油”等，都是与熟悉的行业共同开发新商品的例子，这样的联合商品能让顾客放心，容易被顾客接受。

只要在新闻通稿和促销活动上多下功夫，即使促销费用少，也能使联合商品成为畅销商品。因此，应该尽量积极探索各种可能，开发出让市场（顾客）眼前一亮的新商品。

老年阶层攻关秘籍

问6 我打算以老年阶层为主要对象开展一种新的商业模式。请问我该采取什么样的促销方法，该做什么样的思想准备？

日本迎来了真正意义上的老龄化社会，据说 2015 年每 4 人当中就有 1 位是老年人，这已经成为一个严重的社会问题，但同时以老年阶层为对象的商业形式，今后也蕴藏着巨大商机。

首先必须认清一个问题，那就是老年男女的消费倾向明显不同。老年男性个人意志较强，无论是兴趣爱好还是出门旅行，都喜欢单独行动。但另一方面，却又非常重视家庭活动、家庭聚会等，“顽固而又寂寞”是这个年龄段男性的主要特征。

与男性相反，老年女性非常重视朋友之间的关系，经常与朋友一起吃饭、购物，或者与自己的女儿一起旅行、美容等，这就是被称为“活跃老人”、消费意识较高的老年女性的行为模式。

- **老年男性：喜欢单独行动；沉迷于自己的兴趣爱好**
- **老年女性：喜欢集体行动；热衷于吃饭、购物等**

老年阶层的特征就是男女特征完全相反

不过，要说老年男女的共性的话，那就是“决不轻易购物”，从这一点来说，老年男女也是比较难对付的顾客。这些老年人都曾经为日本经济高度增长做出贡献，很多人非常了解社会结构以及企业的利润构成，对于企业以老年阶层为对象制订的促销企划，他们非常了解“这是吸引老年人的企划”“这个企划的目的就是让人购买商品”等等，早就看透了卖方的“把戏”，绝不会轻易“上当”。

而且，与其他年龄段相比，老年阶层对于从身边人那里听来的信息，给予了绝对的信任。因此，“虽然不相信企业的话，但是相信朋友的话”，对于销售商品的卖方来说，这也是难以攻克的一个方面。

■值得期待的老年商机

- **通过网络建立共同体**

  使用网络的老年人数量激增。通过粉丝网站吸引顾客是促销重点。

- **老年阶层求职中介**

  老年阶层工作热情高、技术强，应该搞活老年阶层求职中介。

- **老年阶层婚介所**

  以独身老人为对象，为其创造相识机会。

- **“老老护理”援助商业**

  老年人照顾老年人的问题越来越严峻。为老年人提供精神关怀，这样的服务引人注目。

从上述消费倾向来看，以老年阶层为主要对象的商业形式，与其花费广告费用来吸引顾客，或者销售带有试用套装的商品，不如首先与老年人进行交流，与之建立信赖关系，从这样的企划入手，应该更容易吸引老年顾客。虽然这种企划不会马上转变为销售额，但是一段时间后，买方与卖方之间关系变得密切起来，与其他年龄段的消费者比起来，消费意识较高的老年人，更容易成为优良顾客。

有一个以 60 ~ 79 岁的老年人为对象进行的问卷调查，结果表明，约有 60% 的人通过邮件来加强与朋友之间的联系，约有 30% 的人通过网络加深与朋友之间的关系。如果想要以 5 年、10 年以后的老年人为对象开展商业活动，研究老年人现在的情况，未来在如何活用网络上，应该存在着巨大商机。

与农业相关的商业模式

问7 我想与当地农家合作，开展与农业相关的商业活动，请问有什么有趣的促销建议吗？

与农业相关的商业模式，虽然是关注度较高的一种新兴商业模式，但同时也必须认识到目前还存在严峻的问题。

首先，必须清楚一个现实，那就是大城市的消费者，在自己的生活圈子内，很容易就能购买到新鲜的蔬菜或者自己钟爱的食材。位于市中心的大型超市，物流非常方便，在农村刚刚采摘下来的蔬菜，当天傍晚就能出现在超市里，这样的事情完全不足为奇。对于“新鲜蔬菜”，消费者基本不会有“很难买到”的感觉。而且，现在有很多公司在网上或者通过宅急送的方式销售新鲜蔬菜，如果只是想“直接销售蔬菜”，市场已经基本处于饱和状态，作为新兴商业模式，很难在市场上立足。

如果今后想要从事新的农业商业模式，不要轻易就“面向全国消费者销售蔬菜”，而要以“通过蔬菜打造农业粉丝”这种体验式的大型商业模式为目标，最大限度地发挥农业的优势。

例如，可以将顾客召集到自己的农田，让顾客亲自耕作，使每个人都留下深刻印象，逐渐喜欢上农业。整体感觉就像通过农业这种方式打造一个主题公园一样，心情一定要放轻松，因为要成长为紧贴地域型的大型商业模式，需要花费一定的时间和精力，所以通过直接体验的方式，可以让顾客对蔬菜产生一种强烈的感情——与其在其他超市或者网上购买，不如选择自己亲手种植的蔬菜。

另外还可以通过直邮广告或蔬菜直销会的方式，切实打开销路。如果把生产者和员工的形象制成宣传品并全面推出，就可以明确表明自己与竞争对手的不同之处，还能增加新顾客，提高回头率。

■新兴的农业商业模式

· **农作物通信销售**

作为商业形式属于正统派，但是竞争多。

· **农业体验活动**

有利于吸引顾客，关键是筹措促销经费，制订企划。

· **销售农业加工品**

切好的蔬菜或者冷冻食品，与甜品相关的商品也是销售目标之一。

· **销售化妆品、健康食品**

与农家合作开发含有蔬菜成分的化妆品，容易做到与众不同。

如果只选取农业“销售蔬菜”这一个侧面，就会导致竞争增加，而且会被卷入价格竞争，很快就会走到尽头。所以只有“通过农业加强人与人之间的联系”，开展促销活动，加强人与人之间的交流，才能控制成本，发挥农业原本具有的“非日常体验”的优势，成为一种与众不同的商业模式。

要想销售好，培训需有效

问8 **我们是零售业，如何开展员工培训让我一筹莫展。为了提高员工的销售能力，需要组织员工进行培训，请教好的培训方法。**

我觉得不仅仅是新入职的员工，现在的年轻人基本上都不擅长销售商品。即使是在大家一起讨论的时候，年轻人也很少会拿出站在顾客角度的广告宣传语或者让顾客感到实惠的促销企划。更为严重的是，卖场的促销力度如此之弱，大多数年轻人竟然丝毫没有危机感。

导致这种促销力度低下的主要原因，就是人与人之间直接接触、交流得不够。随着网络和手机的普及，人们已经习惯了自己单方传递信息，一边揣摩对方心理一边对话的机会减少，导致“站在顾客角度思考问题”的能力低下。确实，由于经济长期不景气，商品和服务基本都处于停滞的状态，但是，我们也必须充分认识到，年轻人的“不擅交流”也是导致多年来营业额持续下降的重要原因。

基于以上几点，在对零售业员工进行培训时，必须让他们提高“传达能力”，这是一个重要课题。无论是制作传达商品优点的广告宣传语，还是向顾客传达真心真意的待客之术，一定要把培训的重点放在“传达”这一能力上。

提高传达能力的培训实例

通过制作POP广告进行实践	制作现场广告宣传语，观察效果
针对广告宣传语进行讨论	3～5人一组，围绕一个广告宣传语展开讨论
制作企划书	制作企划书，请先辈帮忙修改
指导营业邮件的书写	学习通过邮件进行销售、道歉的方法

另外，培训结束以后，一定要让员工马上在现场运用学到的“传达能力”，制作POP广告或者接待顾客，让他们“实际体验”如何提高营业额。尽早进行这种成功体验，可以将学到的技巧尽早落实，这也是让员工找到自信、找到工作意义和工作兴趣的重要因素。

掌握了与人交流的“传达能力”以后，自然就会思考商品的销售方法和宣传方法，具备“思考之后销售商品”的能力。这样一来，无须花费任何成本，就能提高员工的销售意识，同时还能掌握“销售商品的技巧”，无论是在卖场还是面对商品，都能随机应变进行处理，培养出“自己思考自己行动”的人才。

传达能力提高，与上司和同事之间的交流也会增加，公司内部的信息也能顺利传达。从最终结果来看，无论是公司信息、商品信息还是顾客信息，员工“能够传达多少信息”，与营业额和业务效率化有直接关系，因此，在进行员工培训时，与其学习难懂的经营学和各种理念，不如首先学习如何提高与营业额密切相关的“传达能力”，这样才能培训出“销售专家”。

展台的宣传方法

问 9 **本公司属于中小企业，最近在东京有一场大规模的促销活动，我们也打算搭建展台参加促销。请教有效的宣传方法，能让我们在众多大型企业当中脱颖而出。**

大型企业只需要通过展台大规模宣传新商品，就能吸引买家主动上门，但中小企业即使采取与大型企业相同的展示方法，基本上也不会有生意主动上门。尤其是随意发发资料或者在会场摆摆样品这样的促销活动，根本不会有任何效果。不管你发多少宣传单，来参加展会的人回公司以后，一般不会从堆积如山的宣传单或者商品目录中，挑出你们公司的商品资料来看的。更何况无意识地收到的资料和样品，一点印象都不会留下！

但如果搭建展台，通过大声吆喝吸引顾客、发现顾客对介绍商品的 POP 广告感兴趣，就赶紧积极招揽顾客，也能够吸引顾客，增加客户数量。尤其是在展台内部，商品的陈列高度要与顾客视线持平，商品海报要引人注目，强调人气商品。来参加展会的采购人员，主要工作不是挖掘无名产品，而是要挖掘畅销商品，因此，强调“畅销”的商品，比单纯展示商品，更容易吸引他们的眼球。如果媒体能够报道自己企业的商品或者自己的销售业绩更会让采购人员产生一种紧迫感：“我们出手比别人晚了”，也就更容易对展示商品产生兴趣，并进行购买。

展台不能只是单纯“展示”商品

要想让买家关注商品，必须在“集客”上面下功夫。

■展台的有效促销方法

· **介绍促销实例**

介绍商品销售实例和业绩时附带照片，强调“这是现在畅销的人气商品”。

· **发放“样品”订单传真用纸**

发放样品专用的订货用纸，一定能够有效吸引买家前来。

· **大声吆喝吸引顾客**

不能一味地等待顾客自己到展台前来。

· **交换名片后要继续跟进**

对于那些有意的买家，一定要主动预约见面时间，积极开展营销活动。

另外，为了减少光看不买的顾客数量，样品以及资料都采取传真订货的方式更加有效。真心想要购买商品的买家，一定会通过传真或者电话订购展示商品，也就有机会与购买意识较高的买家接触。这种促销方法既能避免样品白白发放，还能削减经费，值得一试。

一到展会季节，员工们就心如脱缰野马，促销活动也容易变得随心所欲。当然，把展会办得像校园文化节一样有趣也是值得一试的，但是绝对不能忘记，展会的重要目的是最终“获得多少新客户”。根据我的经验，如果展会为期四天、餐饮公司展台共收到1000张左右名片，就应该有10个左右的新客户产生。这是一个平均数值，仅供参考。以此为基准，在今后的展会上放手一搏吧！

顾客意见收集法

问10 我觉得总是很难了解“顾客的感想”，对此有什么好的建议吗？另外，如果有办法可以将“顾客的感想”刊登出来，也请不吝赐教。

“顾客的感想”“使用者心得”等，可以使那些想要购买商品的潜在顾客，联想到自己购买商品之后的情形，放心购买商品，形成一片生意兴隆的热闹景象，这是一种重要的促销工具。但事实上，虽然大家都知道“顾客的感想”的重要性，却很难将其收集到一起。很多顾客都觉得“把感想写出来实在太麻烦了”，因此极少有人愿意花费宝贵时间，在调查问卷上写出自己的感想。就算写，大多都是一些老生常谈、无可厚非的话语，很难让顾客眼前一亮、忍不住购买商品。

如果想要积极收集顾客的感想，首先要减轻顾客写感想时的“压力”，这点非常重要。如果能在调查问卷上刊登几则顾客感想的例文，写的人就知道“原来这样写就可以了呀”，再写起来也就毫无压力了。另外，作为答谢，可以向顾客赠送礼品或者打折券，这也是一种有效的方法。以我的经验，效果最好的礼品是“自动铅笔”和“橡皮”。将二者与调查问卷一起发放，告诉对方“写完以后铅笔和橡皮您就留着用吧”，绝大多数的顾客都能在调查问卷上写上一些感想。但如果送“圆珠笔”，顾客就会担心写错，不愿意将问卷返还回来，这点一定要引起注意。

如果只是提问，并要求“请把感想寄给我们”的话，基本不会有什么建设性的回答。但如果设问具体一些，例如“请告诉我们您使用前的印象和使用后的感想”，不但写的人写起来容易，看的人也能认识到“使用前”和“使用后”的区别，这样的感想文促销效果最好。

刊登顾客的感想时，也可以为各种各样的感想文，配上醒目的广告语：“这里写着顾客这样的感想”等，让看到的人马上就能明白。如果那些潜在顾客读到了这些感想，一定会购买商品。

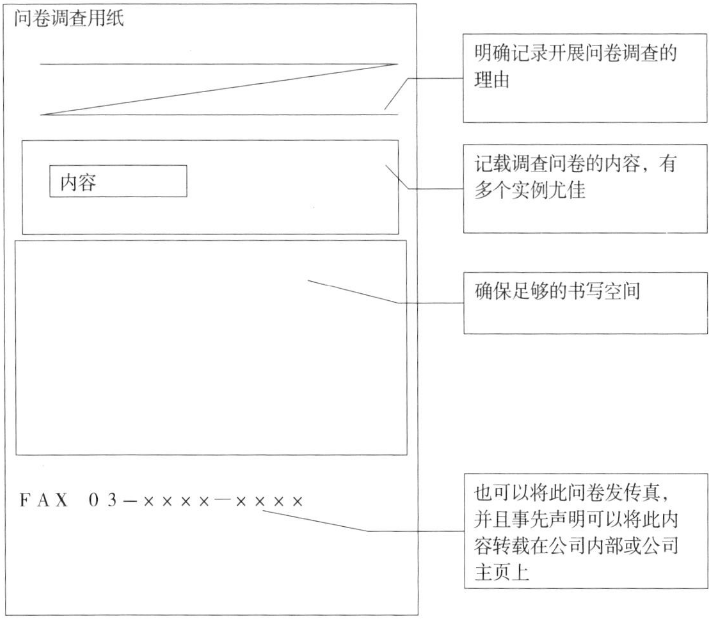

由于经济低迷，消费者“不想购物失败”的意识高涨，因此可以多刊登这样的顾客写下的感想，让顾客对商品和服务放心，吸引越来越多的潜在顾客。

希望员工主动辞职时

问11 **有这样一位员工，虽然工作能力很强，但是经常说周围人的坏话，或者打击周围人的积极性，为此我大伤脑筋。有什么办法能让这位员工主动辞职呢？**

在让这位员工辞职之前，有必要事先确认一下，迄今为止公司一方是否有足够成熟的机制，使员工愿意为公司努力效劳。对于这位员工的态度，平日里是否进行了提醒，是否提供了改变的机会，如果不能从这点出发找到解决办法的话，对于公司来说，就不能从根本上解决问题。

但是，如果上述条件都已做到，员工依然没有任何改变，就只好选择“让员工辞职”了。

首先，有一个重大前提，那就是必须让员工自己想通，之后再让其辞职。突然告知对方或者太冲动，对双方都不好，有可能会发展成为大的矛盾纠纷。因此，应该提前几个月就告诉对方“这是最后一次忠告”，给对方一个“最后机会”，如此几次，在给对方机会的同时，也让对方做好辞职的“思想准备”，心理也比较能够容易接受。

其次，在告知对方请对方离开公司的时候，经营者和上司要把自己必须说的话、必须让对方理解的事一一归纳在稿纸上，冷静、认真地做好事前准备。尤其是公司一方，最好能够考虑到各种情况，率先提供有利条件，如增加退职金、用完有薪休假等，使谈判能够顺利进行。

再次，最近有这样的员工：离职以后说原公司的坏话、将本该保密的信息公开发布到网上、泄露竞争对手信息等，因此在离职之前，千万不要忘记要和员工签订“同意书”。

对方同意离职以后，应该提供一个机会，让人事部门与离职员工进行“离职谈话”，针对公司现存的问题以及人际关系等，与对方进行交流，这点非常重要。让离职员工把对公司的不满毫无保留地发泄出来，既能让员工感到轻松，还能发现公司的隐性问题，有助于改善公司业务。

■让员工离职之前，将一切做到最好，这是雇主的义务

· 是否对员工进行了认真地教育和指导？

· 是否还有因人际关系而出现问题的其他员工？

· 是否可以在部门之间进行调动，或者更换负责人？

· 工资方面、职场待遇、工作环境方面是否存在问题？

· 能否通过降职等给员工“最后一个机会”？

· 能否通过有薪休假、长期休假等方法解决问题？

最近发生了多起这样的事情：网络上出现了错误的雇用相关信息，没有得到应有的关注，经营者和员工对此进行谈判，结果产生了纠纷。因此，必须认识到，虽说是让对方辞职，但如何让双方具备足够的相关知识，高高兴兴进入下一阶段，这是作为雇主对员工所能尽的最后一项义务。

副业成功的条件

问12　公司从业规则调整，允许员工从事本职以外的其他副业。请教自己创业并能成功的秘诀。

雷曼危机以后，“工作分摊”这个词开始渗透到人们的生活当中，虽然速度还不快，但越来越多的公司开始接受副业的存在。而且，由于无法增加工作量、无法涨工资的公司越来越多，考虑到这样的现状，今后灵活对待副业的公司还有可能会继续增加。

想要自己创业，必须要有坚强的意志，牢记“不以对待本职工作的态度对待副业，副业绝不会成功”。很多人认为副业是“本职工作的附属品”“随时可以不干”“不用履行义务”，正是因为这种错误的认识，才导致自己在副业还没开始挣钱，就中途放弃了。如果没有“像本职工作一样努力”的决心，就不能像本职工作那样从别人那里赚到金钱，因此，首先必须确认自己是否真心想要从事副业。

■副业主要形式

· **网络形式**

销售、中介等，需要具备搜索引擎等相关的专业知识。

· **教育**

家庭教师或者咨询服务，只要有专业知识就能获得高收入。

· **家政服务**

周末、节假日照顾小孩或者老人。关键要有自己的特色。

· **家庭副业**

可以在家上班，但是工资可能没有预想的高。

还有一点必须注意的是，一定要确认好你想要从事的副业能否增加你的收入。因为副业大多在本职工作之外的空闲时间进行，想要赚钱的心情过于强烈，很容易被“工作内容简单”“时间短也没问题”“可以在家工作”这样的宣传所吸引。如果不认真确认工作内容、草率开始一项副业的话，很有可能要交高额的教材费和学费，并最终以失败而告终，这样的例子并不少见。因此在开始副业之前，一定要和周围的人商量一下，或者在网上收集相关信息，慎重行事。

在充分认识副业现状的基础上，如果还想自己创业并想取得成功，首先要做好“长期作战”的准备。与本职工作一样，副业也不存在“轻松赚钱的神话”，不付出努力和时间就能从别人那里赚钱的“专家”并不存在。寻找与自己一样努力从事副业的伙伴，在副业中寻找“快乐”和“工作价值”，制定谋求金钱以外的目标，这才是副业能够长久的关键。

警惕宣扬“工作简单”“收入稳定”的副业

轻松就能挣钱的神话背后，肯定有问题。开始副业之前，一定要和第三者商量一下。

如果对副业没有足够的心理准备，不善于利用时间和建立人脉的话，可以在本职工作结束以后，到其他公司去做短期临时工，这种“副业”形式能够切实增加收入，不失为最好的选择。

事实上，副业的刺激和技术诀窍，有时能给本职工作带来相乘效果，因此应该常常关注副业形式，多方收集副业信息。

如何应对气候变化？

问13　最近由于天气变化，营业额的增长不尽如人意。请教应对措施。

对于大多数流通行业来说，天气情况很大程度上左右着营业额的多少。如果天气与气温都与预想相同，商品就能按照计划销售，如果天气反常预想落空，就有可能产生较多的库存、或者库存不足，总之结果与卖方预想的不一样，这样的情况并不罕见。天气变化也会影响到食材价格和集客情况，因此在进行促销时，“好天气”是不容忽视的重要内容之一。

要想让天气成为自己的朋友，首先要养成一个好习惯，那就是在卖场内详细记录与天气有关的数据。记录每日天气和气温的人应该有很多，但连店外湿度和店内空调温度设定都详细记录的人却少之又少。尽量收集翔实的数据，多收集顾客心理与天气关系的相关信息，能够提高促销预测的精准度。而且，积极关注天气情况，也能提高卖场员工的市场意识。

其次，从记录的天气数据中，找出天气与畅销商品之间的联系也很重要。例如，酷暑天蒸煮袋咖喱卖得好，就不能只是记录“蒸煮袋咖喱畅销”，而应该预测“天太热了，主妇们也不爱开火做饭了”，这一点在活用天气数据上非常重要。能够活用这些信息，就能预测出酷暑天冷冻食品和罐头卖得好。相反，寒冷的冬天，就可以通过需要用火的火锅或者需要开火的中华料理的建议，来突出强调“温暖厨房”，打造诉求力极高的卖场。

■受天气影响的主要“促销法则”

· 气温超过 35 度，促销效果急剧下降。

· 11 月冷的话，所有的冬季商品都好卖。

· 气温降到 22 度以下，关东煮开始畅销。

· 台风过后几天，身体不适的人增多。

· 花粉来得早，樱花开得早。

※ 节选自《最新数据解读天气征兆》（祥传社／村山贡司著）。

最近，受全球变暖的影响，具有讽刺意味的“异常气象”逐渐成为一种新标准，以往季节的销售经验和业界常识，在促销现场开始行不通，这种情况下，就需要有勇气抛弃以往与天气相关的促销常识。但是，由于现场没有新的关于天气与畅销商品之间关系的资料可以参考，因此很难抛弃过去的促销经验，这样的状况一直在持续。

不过，只要有明确的数据能够表明天气与畅销商品之间的关系，就有依据大胆制订采购计划以及促销计划，也有足够的资料来说服周围的人。因此不要因为天气异常就轻易放弃，正因为天气异常，才更需要记录天气数据，并将其活用到促销技巧中去。

要想活用天气相关的数据，也许要等到开始记录几年以后，但为了让自己的公司在未来的竞争当中具有绝对“优势”，现在的记录是绝对有必要的。

第 5 章

烦恼之五——网络商业模式

“我们公司的主页不行……”

网店与实体店联动

问1　我希望能把网购的顾客吸引到实体店中来，请教好的促销方法。

首先，如果开网店的同时也有实体店存在的话，我建议在网上积极发布实体店和员工的图片。这样做不仅能让顾客放心，还能给顾客带来从平面网页到“实体店购物”的立体视觉冲击，因此这些图片能起到意想不到的作用，促进消费活动。特别是顾客排队的图片和店员接待顾客的图片，能让顾客联想到购物时的具体情形，是一种重要的促销手段，所以最好能在网页上多发布图片。

另外，向实体店购物的顾客发放宣传单、购物指南等，积极宣传网店也很重要。可以通过在实体店发放网店购物优惠券，或者反过来，在网页上发布可以在实体店使用的打折券等，积极为顾客往来于网店与实体店之间创造机会。

发放实体店促销传单的同时，也不要忘记在网页上宣传介绍促销信息。制作传单时，不但要在传单上印上网店地址，还应该插入强调网店优点的广告宣传语，如“网店有打折商品”“网上订货次日送达”等，否则很难将顾客从纸质传单吸引到网店。

除此以外，还可以使用互联网“联动搜索广告”，将顾客吸引到实体店。举例说明：假设顾客想要购买“定制枕头”，顾客希望能够感受一下手感，于是就在网上输入“岐阜县定制枕头”“浦安市定制枕头”等，用“地域名＋定制枕头”的方式，来搜索自己家附近或者公司附近的床上用品店。这种情况下，如果能够通过雅虎或者谷歌的联动搜索广告，在网上介绍实体店情况，就能有效吸引购买欲望较高的顾客来实体店。

提高实体店与网店相乘效果的方法

实体店	网店
· 通过传单、购物指南介绍网店 · 发放可以在网店使用的优惠券 · 制订能获得顾客邮箱地址的促销企划 · 在与顾客的对话中有意渗透网店信息	· 发布实体店和员工的图片 · 顾客可自行打印优惠券在实体店使用 · 认真更新员工与店长的博客 · 通过联动搜索广告获得新顾客 · 销售网店限定商品 · 积极推行电话销售

网店与实体店联动，不但能够提高促销效果，还能获得新顾客，增加与顾客的接触频率，使顾客成为优良顾客，可以说是现阶段不可或缺的促销手法。

最近有这样一种倾向，仅仅依靠网络进行促销的话，往往使那些广告宣传费用充足、商品种类丰富的企业处于优势地位。对于资金较少的中小企业来说，要想经营网店，必须把实体店与网店的促销活动有效结合起来，以混合型的促销活动为目标，这才是比较理想的促销方式。

更新公司主页

问2　我想更新公司的主页，请问有何注意事项？

最近，由于网络销售情况不佳，越来越多的人选择更新主页。但是，对于网络经济来说，相对于网页内容，网站的访问量与营业额的关系更大，因此，只是改变网页设计和广告宣传语，并不能增加营业额。也就是说，重要的不是“变成什么样的网页”，而是“如何吸引顾客访问网页”，因此在更新公司主页之前，必须先确定公司今后的运营方向，然后再商议如何更新主页，否则无法从根本上改变目前的困境。

另外，更新公司主页的工作，最好不要委托给朋友、熟人或者广告代理介绍的制作公司。之所以这样说，是因为这些制作公司有可能会在工作上偷工减料，而且因为是朋友介绍的，需要修改或者有什么意见也不好说出来。“因为对方是专业网络人员……”而不敢提出自己的意见，即使网页做得不满意也没法抱怨，这样的例子并不少见。其实，只要上网搜索一下，就能找到许多制作网页的公司，或者可以通过用“乐天 business”的匹配服务（matching service），在全国范围内寻找有干劲、高品质的网页制作者，可以请他们负责更新主页。

制作网页是网页制作公司的工作，但提高业绩、提升品牌形象却不是他们的强项，因此整个网页制作的主导权，要牢牢握在委托人的手里。

很多经营者都想花钱把公司主页做得漂亮些，但正如前面所述，网页的美观程度与动画多少，并不与营业额成正比。商业活动的网页并不是媒体，应该把它当作电话线路和传真线路的延长。正因如此，即使擦亮了电话线或者更换了传真机，营业额也不会因此增长，同理，即使在公司主页上花了钱，基本上也不会对营业额产生多大影响。

■更新主页需要注意5点

· 明确目的，“为什么需要建立公司主页”。

· 考虑好增加点击率的对策以后再进行更新。

· 尽量不花费任何成本。

· 提高所要刊登图片的质量。

· 不要选择朋友等介绍的公司。

要最大限度地控制公司主页的更新次数。即使只是放大图片、插入广告宣传语、放大咨询按钮和电话号码，也有可能使咨询量和订货量一定程度上涨。

与其“更新公司主页”，不如“重新考虑电商战略”，这样的更新才与营业额直接相关。

横幅广告的制作方法

问3　我想在公司主页或者网站上添加横幅广告，请教制作横幅广告时的注意事项。

放置在自己页面上的、介绍其他网址的矩形图像（图标）叫作横幅广告。横幅广告上建有超链接，点击就会出现要介绍的网址，因此可以将浏览者有效地吸引到其他网页上去。

网页这种媒体形式，主要目的就是“如何让更多的人长时间浏览”，因此横幅广告是决定网页优劣的重要部分。也就是说，如果横幅广告制作得不够用心，浏览时间就会变短。反之，如果认真制作横幅广告，就能为浏览者提供较多的信息，也就会被认为是“不错的网站”。

制作横幅广告时必须注意，一定要考虑到“如何才能被点击”。只有被点击，横幅广告才发挥了自身的“作用”，因此横幅广告的图片，必须是整个页面里最吸引人眼球的部分。横幅广告的宣传语，也必须是让人不由自主地就想点击。例如，如果在横幅广告中只插入“这里有大号土豆饼”这样的广告语，浏览者很容易就能想象到“点击这个横幅广告就能看见大号土豆饼”，购买欲望不高，也就不会点击。但如果是“你见过这么大的土豆饼吗”，就会让浏览者充满期待：“会是多大的土豆饼呢”，忍不住想要点击。因此，插入让人充满期待的图像或者广告语，让尽可能多的浏览者点击横幅广告，这是制作横幅广告的重要战略。另外，如果广告上使用“详情请点击”“请猛戳这里”这样的语言，更能唤起浏览者的好奇心，增加横幅广告的点击率。

促销效果较好的横幅广告

大多数的网页制作者都会优先考虑网页与横幅广告之间的平衡关系，希望制作为人们所熟悉的、整洁漂亮的横幅广告。但是，不引人注意、不被点击的横幅广告，只是在白白浪费空间。制作横幅广告不是为了网页制作者的个人满足，一定要让制作者彻底明白自己的想法，制作横幅广告时必须考虑“如何才能被点击”。

如何撰写受欢迎的邮件杂志？

问4 因为开网店，我经常发送邮件杂志，但却反响平平。请问如何撰写邮件杂志才能受欢迎？

与前几年相比，邮件杂志的反响越来越差。2000年左右的时候，邮件杂志还不多见，期待发送邮件杂志的读者数量较多，但现在，邮件杂志被大量发送，读者反倒不愿意点击阅读，甚至还有很多人认为邮件杂志给自己带来了“困扰”，这也是邮件杂志反响较差的原因之一。再加上消费低迷的影响，“冲动购物顾客”减少，很多人认为“不因邮件杂志购买多余商品”，因此，通过邮件杂志进行促销的方式已经行不通了。

根据这样的情况我们可以判断，在网络经济条件下，邮件杂志已经不再是一种有效的促销手段。换句话说，并不是邮件杂志的“写法”有问题，而是因为销售额很大程度上会影响销售的“商品”以及邮件杂志读者的“选择”，这是自然而然的促销趋势。

例如，虽说邮件杂志的反响不好，但是模型、酒类等与个人爱好相关的商品，与其他种类商品比起来，邮件杂志的反响却并不算差。这些商品多是“其他地方买不到”的商品，只能通过邮件杂志获取商品信息，这也是能够吸引顾客的强势所在。

而且，白酒、葡萄酒等很容易体现出店长的个性和特性，这也是邮件杂志能够吸引顾客的独特之处。

与此相反，日用品、服装等商品，即使改善邮件杂志撰写方法，营业额恐怕也不会提高。“其他地方也能买到”“根据价格决定是否购买”的商品，根本不需要邮件杂志，消费者自己就能在网上搜索到，因此，这样的商品即使发送邮件杂志，也很难提高销售额。当然，也有很多网店销售上述商品，并通过邮件杂志实现目标营业额，那是因为多数网店从网络经济黎明时期开始，就已经积累了许多优良顾客。对于那些刚开始做网店、必须吸引新顾客的卖家来说，根本无法参考他们的成功经验。

受欢迎的邮件杂志与不受欢迎的邮件杂志

受欢迎的邮件杂志	不受欢迎的邮件杂志
其他地方没有卖的商品	在网上一搜就能找到其他卖家
趣味嗜好品	可以在实体店购买到代用品
曾经购买过的商品	靠礼品企划吸引来的读者
廉价销售信息	讲述店长日常生活的邮件杂志
新商品信息	按定价销售、相同信息反复刊登

作为结论，我认为，与其把重点放在邮件杂志的写法上，不如好好考虑如何才能提升商品或者店铺形象的战略、如何才能使邮件杂志登录变得简单、如何才能开发出容易重复购买的

商品等更为重要。不要耍小聪明，要把视线转移到真正的促销技巧上面，这样才能真正改善邮件杂志，使邮件杂志受到消费者的欢迎。

如何撰写有效的博客？

问5　作为商品销售的一环，企业也需要有自己的博客。请教撰写企业博客的注意事项。

企业博客在促销方面最重要的作用就是：作为宣传工具，告诉顾客“这家公司（店铺）还在正常运营”。通过每日更新博客，让顾客放心：“这家公司总是发布最新的信息”“无论是订货还是咨询，他们都能耐心解答”，这有助于顾客购买自己的商品。

博客内容，必须是“顾客想要了解的信息”，例如商品的到货信息、运费等，这些原本只能卖方了解的信息，极易引起顾客的兴趣，而且能够缩短顾客与店铺、商品之间的距离，作为促销工具，非常有效。

■什么样的信息促销效果好？

· 对顾客有用、值得推荐的信息。

· 彰显店长或员工“个性”的信息。

· 让顾客“愉悦”的信息。

· 让顾客惊呼“原来是这样”的信息。

· 宣传“顾客大量购买”的信息。

· 带图片的信息。

相反，尽管是企业博客，但如果上传的只是经营者的一日三餐、交友信息，除非经营者是艺人或者名人，否则只会适得其反。因为顾客对这些信息并不感兴趣，不仅如此，还会觉得图片和内容极其幼稚，恐怕还会对商品和店铺造成误解。也许在撰写博客的过程中，你非常享受这个过程，这种心情可以理解，但既然是以企业的名义撰写博客，就不应该以自我满足为主，而应该将博客作为发布信息的工具，加深顾客对企业的了解。

另外，还可以将希望顾客在网上检索的关键词，有意识地写进题目或者正文里，通过检索提高集客能力，这也是一种促销方法。不过，过分追求效果、关键词太多的话，反而容易招致搜索引擎一方的反感，因此，检索关键词的插入数量一定要“适度”。

与此相比，还有一种更好的方法，那就是尽可能让更多的员工来撰写博客，增加网络上的顾客数量。博客写得多，也就增加了被顾客读到的机会，促销机会自然也会增加。

通过发布信息，员工不但能够了解到公司内外信息，而且通过阅读其他员工的博客，还能做到信息共享。因此，不要让一个负责人或者经营者去撰写博客，要让公司内部互相配合，养成全员撰写博客的习惯，一定会收到意想不到的促销效果。

健康食品、化妆品的网络销售

问 6　我在网上销售绿色健康食品和纯天然化妆品，但是营业额却不见增加。请教有效的促销方法。

几年前，健康食品和化妆品还是“最畅销的网络商品”，现在却变成了“最难销售的网络商品”，其最大原因就是日本药事法法规变严格，表述方式上有严格规定，广告宣传不能随心所欲。除此以外，激烈的广告费用竞争以及相似商品的甩卖、网络广告反响不大等等，都使整个业界的促销活动变得难上加难。

咨询中说，想要在网上销售绿色健康食品和纯天然化妆品，但正如前面所述，由于广告限制，不能随意宣传商品的功效，这种情况下，必然会使联动搜索广告和横幅广告的集客能力下降。换句话说，网络经济最重要的“集客”部分出现停滞，营业额无法实现。再进一步说，几年前还可以通过邮件杂志来获得回头客，但最近由于邮件杂志泛滥以及诉求力减弱，无论是健康食品还是化妆品销售中，都很难出现优良顾客。

也许有人会说“也有很多网店通过销售健康食品和化妆品获得成功啊”，那是因为这些所谓的“成功”网店，很有可能要么是很早就开始在网上销售商品、拥有愿意订阅邮件杂志的优良顾客，要么就是很容易在网上搜索到、以低廉价格销售民族品牌健康食品，两个条件必备其一。另外，如果是已经通过纸媒提高品牌力、拥有固定忠实顾客的健康食品老字号的话，只要通过新闻邮件告知，就能轻松把顾客吸引到订货方便的网店，可以在短时间内实现网店的营业额（但是网络之外的集客减少，因此营业额基本相同）。

综上所述，如果没有某种先行者利益或商品进货价格优势的话，在网上销售健康食品和化妆品很难取得成功。如果今后想要通过销售健康食品和化妆品来增加营业额，就应该先通过传统纸媒或者广播媒体来提高品牌力，然后再将顾客吸引到网络，或者交替使用电话、新闻邮件等促销工具，增加回头客数量。如果不依靠这些“网络”之外的促销手段，就很难提高营业额。

不管怎样，要想销售绿色健康食品和纯天然化妆品，必须要有大量的资金支持，因此，不要仅通过网络销售提高营业额，最好重新审视一下这种商业模式，制订今后的发展战略。

不仅日本药事法的规定变得更加严格，而且由于竞争过多，导致整个市场陷入广告费用大战、价格大战，中小企业想要打入市场，一年更比一年难。

健康食品、化妆品网络销售为何难

■绿色健康食品与纯天然化妆品成功销售条件

· 创业之初必须持有1000万日元以上的现金。

· 有固定体系，增加电话订货量、提高与顾客的接触频度，使顾客固定化。

· 撰写新闻邮件，对顾客进行健康、美容指导。

· 对顾客进行详细划分，分别管理。

面向企业的邮件营销

问7　我主要以企业为对象发送电子邮件进行邮件营销，但是却无法取得预期效果。请教好的解决措施。

针对个人客户的话，邮件营销是一种非常有效的营销手段，但如果是企业间的贸易往来，很多人认为电子邮件“不是有用信息”“会不会是可疑的垃圾邮件”等。因此，不管如何用电子邮件宣传“请购买商品”，但由于信息源头不可靠，反响并没有传真DM或者电话预约效果好。

而且，纸媒信息可以在部门之间传阅，或者作为资料分发下去，电子邮件信息则不同，如果不打印出来，上下级之间就无法共享信息，这也是电子邮件作为营销工具无法普及的重要原因之一。因此，作为企业之间贸易往来的营销工具，要想有效利用网络，就必须采取切实措施，吸引顾客主动通过公司主页进行咨询。

集客方面，应该多注意“批发”“大量购买”等关键词，制定搜索引擎对策，开展关键词广告战，吸引顾客。另外，还可以在网页上增设“法人相关页”，用浅显易懂的语言介绍商品的优点、优势和低廉价格，这样做的话，即使对象是企业法人，促销效果也会很不错。

但是，有一点必须事先弄清楚，面向个人客户宣传的内容与面向法人客户宣传的内容，二者截然不同。

比起商品性能好坏，法人买家更关心商品“好卖不好卖”“便宜不便宜”。既然企业作为盈利集团存在，购买商品时的判断标准就只有一个，那就是“购买该商品能给公司带来多大好处”。

基于以上内容，在制作“法人相关页”时，可以刊登一些具体事例，例如购买该商品后获利的小卖店、成功降低成本的公司等，向客户宣传“购买该商品，能给贵公司带来这么多的好处”“这样制作公司网页，效果肯定错不了”。同时，如果能再刊登一些诸如处理速度快、大量购买折扣多等具体信息的话，就能比电子邮件更加有效地吸引法人企业。

从战略的改善情况和网页内容的更新情况来看，网上发展法人企业客户大有可为之处，勇敢尝试吧！

企业间贸易往来需要在网页上发布的信息

提高营业额的实例	商品陈列、与上年相比营业额提高率
现有客户评价	刊登同行之声，使其联想到购买场景
明确标注电话号码	电话号码比电子邮件更具瞬间爆发力，用大号字体刊登
大量购买享受优惠	吸引顾客大量购买
员工照片	让客户放心

搜索引擎策略

问8 经常有网络服务公司给我打电话，问我是否采取搜索引擎策略。在搜索结果中排名靠前与营业额有关系吗？本公司是殡仪公司。

所谓的“搜索引擎策略”，是指在雅虎、谷歌等搜索网站上，特意使自己公司主页排名靠前的一种手法。运用搜索引擎方面的专业知识，在公司主页上进行某种“设置”，就可以使自己公司的主页在搜索结果中排名靠前，不费吹灰之力就能吸引顾客浏览自己公司的主页。这是互联网上典型的促销手法之一。

但是，对于“搜索结果排名靠前就能提高营业额吗”这样的提问，很难一概而论。首先，必须确认使自己排名靠前的关键词，是否就是与营业额直接相关的关键词。例如，鱼店用“秋刀鱼”这个搜索关键词使自己排名靠前，但事实上，很多搜索“秋刀鱼”的人，只是在查秋刀鱼的做法，因此即使依靠“秋刀鱼”这个关键词使搜索排名靠前，也和营业额没有丝毫关系。

事实上，比起搜索引擎策略，“关键词广告”更能使自己的排名靠前，而且更容易提高营业额。搜索引擎策略不但费时费力，还不能提高营业额。大力推销搜索引擎策略的公司，其主要工作就是使你的公司主页在搜索结果中排名靠前，并不是努力提高你公司的营业额。或者说，搜索结果中排名靠前之后，如何制订促销企划和网页上的广告宣传语等，才是提高营业额的关键。

但是，这次咨询的是一家殡仪公司。在网上搜索殡仪相关事务的人，大多会在搜索关键词时加上自己的“地区名”，这倒是可以避免与全国的殡仪公司在网上进行竞争。因此，可以通过制作地域密集型的殡仪公司对比网站，或者刊登客户感想，通过费用与效果比，实施有效的搜索引擎策略。不过，殡仪业与其他业种相比，不太适合网络促销，可以说殡仪业想要通过网页促销获得成功的可能性并不大。

尽管如此，我还是建议大家自己学习搜索引擎策略的相关技巧。如前所述，将搜索引擎策略拜托给专门公司时，费用效果比常常会不尽如人意，从促销效果来看也不乐观。如果大家自己阅读专业书籍、学习搜索引擎相关知识，就不需要向外部公司支付多余的费用。而且，经过实际操作就会发现，搜索引擎策略的技巧其实非常简单，即使是外行也不至于完全摸不着头脑，所以我建议大家不妨一试。

■实施“搜索引擎策略”的5个注意事项

· 必须读完一本搜索引擎策略方面的书。

· 必须确认搜索结果靠前营业额是否真正上涨。

· 从费用效果比或者工作效率来看，是否确实适用该策略。

· 委托外部公司时，必须多方对比报价。

· 努力提高公司主页的集客能力。

推特（Twitter）活用法

问9 **我经营一家洗衣店，想通过推特宣传本店，开展促销活动。请教具体的促销方法。**

推特（Twitter）是微博客的典型应用，它可以让用户更新不超过 140 个字符的消息。在日本国内，使用推特的人数正在逐年增加，作为发送信息的新型工具，推特越来越受到人们的关注。

但事实上，推特很难在促销现场发挥作用，其中最大的问题就是“集客”。即使在推特上发布信息，如果没有读者阅读，最终也就是自己在那“自言自语”了。无论多好的信息，如果不能“集客”，营业额就无法上涨，所有的网络经济形式都是如此。在推特上反复发布有趣的信息，感兴趣的顾客也许会以“关注（follow）”的形式查看消息，但仅仅通过 140 个字的短文，想要持续发布让顾客一直感兴趣的内容非常困难，如果其中再加入宣传商品的要素，想要顾客一直关注更是难上加难。

解读一下推特的成功案列，我们就会发现利用推特发布信息获得成功的都是在全国范围内知名度较高的商品、连锁店，或者已经通过邮件杂志、博客等获得固定顾客群的店铺。但如果是在全国范围内没什么知名度、在网络上也没有固定顾客群的店铺或者厂家，即使突然开始使用推特也吸引不来顾客，

推特与网页一样，能否集客是关键

没有任何人关注、阅读的推特，就如同在沙漠中心自言自语。

很多情况下只是在白白浪费精力而已。发放店铺指南或者名片，踏实宣传自己的推特，提高自己的认知度，这虽然是一个不错的战略，但想要以此来培养固定顾客，需要花费大量时间。花费同样的精力，不如定期发放打折券，吸引顾客登录本公司移动终端的邮件杂志，更为有效。

您说您经营的是一家洗衣店，这样的话，与其把推特作为集客手段使用，不如把它作为与其他同行互换信息的场所，并且利用推特访问营销顾问以及其他经营者的推特。而且，这种免费的交流工具，并不是作为宣传媒体、而是作为交流手段普及开来的，浏览者也极度厌恶将其作为宣传媒体使用，因此，如果把推特作为促销工具使用效果恐怕要适得其反。

总之，一定要以用户满意为前提，来使用推特。

使用推特获得成功的条件

条件	理由
名人、知名企业	自然而然就能吸引顾客
网络上有固定顾客群	可以通过邮件杂志和博客吸引顾客
可以通过报纸、电视进行宣传	直接通过推特吸引顾客
适合网络搜索的商品	推特作为搜索引擎极为有利

网店的困境

问10　是该自己独立开家网店，还是在网络商城开店，为此我十分苦恼。二者之中哪个才能使网店高效运营呢？

从根本上来说，在网络商城开店，可以有效吸引顾客。因为集客由网络商城负责，而且广告丰富商品众多，商城还会根据不同时期、不同商品开展促销活动。另外，邮件杂志订阅率高，能够吸引回头客定期购买商品，这也是网络商城的优点之一。

但是，正因为网络商城容易集客，所以它的广告费用也高，而且需要按照销售金额支付佣金。同时，因为必须与竞争对手一起销售商品，容易卷入价格竞争；网页制作技术也必须优于竞争对手，如果没有一定制作水平的话，就无法与商城内身经百战的其他网店一较高下。

如果既没有广告预算，又无法适应价格竞争，同时也没有网页制作技术的话，实际上在网络商城开店恐怕大多会“吃败仗”。因此，对于那些没有多少电子商务知识的企业，我不建议在网络商城开店。

话虽如此，并不是说自己独立开店、有“本店网址”就一定有活路。自己开网店，市场更加严峻。吸引顾客需要实施搜索引擎策略，该策略需要高超的技术和踏实肯干的人员；联动搜索关键词的“关键词广告”，广告费用一直居高不下。而且，通过搜索网址访问的顾客，与网络商城的顾客不同，回头率不高，很难通过邮件杂志将其发展为固定顾客。尤其是销售具体物品，网络商城的积分制抢走了大批顾客，因此，如果销售的不是独一无二的商品，独立网店很难运作下去。

根据上述情况，如果仅仅想要依靠毫无经验的员工独立开网店，不管选择哪种方式，结果都不会让人满意，对此一定要有充分的心理准备。

如果想要选择低风险的网店运营方式，建议放弃高风险的网络商城，而是独自开店，踏实促销，方为贤明之举。还有一点，重新认真审视一下自己公司内外，也许你就会发现比开网店更能有效提高营业额的方法，在这些方法上多下功夫方为良策。

■网店成功运营条件

· **能在广告上进行投资**

网店营业额多少取决于广告投资带来的集客力。

· **能在价格竞争中取胜**

网络世界就是不断与竞争对手互相比较的地方。

· **商品种类多**

商品数量少，顾客回头率就低。

· **能够制作高质量的网页**

网页质量高于竞争对手这一点至关重要。

脸书（Facebook）活用法

问11 我应该如何把互联网上的脸书服务活用到促销活动现场？

“脸书（Facebook）”，是诞生于美国的一个社交网络服务网站，相当于日本国内的“Mixi”，主要有自我介绍、交友、共享图片和信息等功能，在全世界拥有几亿网友，即使是在日本国内，也有超过几百万的用户登录，是世界上最大的社交网站。

脸书的最大特征就是用户必须“实名”，这点与日本国内的服务网站不同，因为不能匿名管理，所有发言内容和信息必须由发布者承担全部责任，因此可以一定程度上确保网络秩序。而且，在自己管理的脸书小组里面搜索到的信息，比利用互联网上的搜索引擎搜索到的信息，精准度要高得多。因此，最近越来越多的人开始同时使用搜索引擎和脸书。除此以外，与其他服务网站相比，网友的停留时间长、与商业相关的网友数量多，也是脸书的重要特征。

随着脸书的发展，信息掌控今后将以用户为主导，企业方面想要通过脸书宣传自己恐怕很难。一直以来，卖方都是通过邮件杂志或者搜索引擎策略才将主导权握在自己手里。但如果信息集团化，企业方没有办法发布其他信息，集团内部就只有“真实”的信息。因此，企业的促销活动恐怕就很难在互联网上进行。

但脸书则不同，用户的个人信息都是真实的，容易锁定广告目标，根据提供的服务不同，广告目标也很明确。而且，如果企业能够用脸书进行宣传吸引顾客，还能加强与用户之间的交流，比以前匿名服务更能构筑良好关系。事实上，日本国内已经开始出现用脸书进行宣传的企业。今后，脸书将作为新的促销工具发挥更大的作用。

最近，包括推特在内，强调“联系”的服务迅速吸引了不少用户。今后的网络界也会像实体店的促销活动一样，不再依靠大量发布信息，而是注重与每位顾客之间的“联系”，也就是互联网上的“待客能力”，它将成为今后企业追求的对象。

■国内主要企业脸书页面

· **无印良品（Muji）**

以专栏为主，有效活用以往的内容。

http://www.facebook.com/muji.jp

· **罗森（Lawson）**

设置虚拟形象，通告商品及店铺信息。

http://www.facebook.com/lawson.jp

· **日产（Nissan）**

公开发布正式销售前电动汽车的试驾感想、视频等。

http://www.facebook.com/nissanev?ref=mf

· **优衣库（Uniqlo）**

发布新商品视频以及新店铺信息。

http://www.facebook.com/uniqlo

智能手机活用法

问12 安卓手机、苹果手机的普及会导致促销手法出现很大不同吗？

将普通手机与真正具有网络功能的信息终端相结合制成的手机叫作“智能手机”。在日本，苹果公司的“iPhone” Softbank 版手机、搭载谷歌操作系统“安卓（Android）”的 Docomo、Au 手机等，都是具有与电脑相同性能的触屏高智能手机，今后智能手机将占有更大的市场份额，这一点毋庸置疑。

随着手机性质的变化，促销现场受到影响最大的就是手机网站。智能手机出现以前，用手机能够浏览的页面主要是所谓的“手机网站”，但是随着智能手机的普及，用智能手机就能轻松浏览电脑网站，导致手机网站的存在价值正在逐渐弱化。同时，手机网站的搜索引擎策略、手机网站广告等也随着手机浏览方式的改变，同样将会失去存在的价值。

进行促销的一方，必须努力建设网站，让不管是使用智能手机的顾客还是使用电脑的顾客，都能轻松浏览网页。由于手机终端电脑化，“搜索”这个行为变得非常普通，因此卖方必须加大促销活动力度，以提升自己的媒体曝光度和品牌力，增加被顾客“搜索”到的机会。

智能手机在整个手机市场正在迅速普及

作为信息终端，性能优良的智能手机将彻底占领整个手机市场，这只是时间早晚的问题。

不过，实际上，从现在普通手机和智能手机的比例来看，还是普通手机的市场占有份额大，智能手机要想彻底占领手机市场，还需要一段时间。

而且，各个手机公司在签约时，都会在变更机种和解约上设置许多条件限制，因此，一段时间之内，还会是普通手机占据主流位置。

由此可以判断，“市场马上发生巨大变化”是不可能的，从目前来看，大家不必慌张，只需要关注市场变化即可。

■随着智能手机的普及，未来促销现场将发生怎样的变化？

· 手机网站将会消失，电脑网页成为主体。

· 主要使用网络邮件，手机邮件杂志的反应将会变得迟缓。

· 高性能手机出现，年轻人将不再使用电脑。

· 下载服务的价格竞争白热化。

· 邮件咨询减少，电话咨询增加。

市场上将有两种用户存在：使用普通手机的用户和使用智能手机的用户。因此，从事网络相关工作的人，应该同时拥有两种手机，随时关注搜索结果和网页的浏览情况，根据市场动向，采取随机应变的措施。

另外，平板智能手机也蕴藏着多种商机，因此也要关注这方面的促销手段。除了电子书籍以外，还可以让顾客浏览图片、观看视频等，作为促销工具，平板智能手机的发展也不容忽视。

委托他人制作网页

问13 我想制作网页，请问应该如何选择制作方？如何才能与制作方和睦相处？

首先，广告代理和系统公司介绍的网页制作公司，相对来说费用较高。仔细核对一下账单，就会发现被追加了许多缺乏促销效果的服务费用，例如莫名其妙的制作费用、带有一些不必要选项等。最近还有许多网页制作公司，把搜索引擎策略和广告等嵌入项目里面，甚至还有一部分既无知识又无经验的从业者也想从中获利，因此在选择网页制作公司的时候，一定要擦亮双眼。

制作公司方面，只要通过日本的“乐天 business”的匹配网站，就能轻松找到价格相对便宜、服务质量又好的网页制作公司。制作公司即使离得较远也没关系，现在可以通过电话和邮件进行详细协商，所以不必太介意制作公司的地址。另外，有些人可能觉得“大型制作公司让人放心”，因此做出轻率决定，但是有些大型制作公司“只是还在营业”而已，具体制作方面完全依靠子公司，因此，来自顾客的信息无法直接传达给制作者，有时会因此产生纠纷，所以在委托制作公司的时候，一定事先要确认好制作体制。

是不是好的制作公司，从邮件和电话的“回复速度”就能看出来。回复速度快的公司，工作速度基本上也不会太慢。另外，对客户要求的理解、领会速度和对建议书、企划书的关注程度，也是评价条件之一。

■网页制作公司评价表

√ 要求项目服务中没有提到的费用。

√ 没有进行维修保养，却要求“管理费”。

√ 与负责人联系，也不更新网页。

√ 已经打交道 5 年以上。

√ 不是自己找的制作公司，而是朋友、公司介绍的。

√ 不理睬客户方面的要求和建议。

当然，客户方面也不能稀里糊涂地完全依靠制作公司，应该准备好网页制作的全部素材，向制作公司清楚地表明自己的想法。“网站地图”“网页草图”“图片”“文章”“广告宣传语”这五种素材，制作网页之前必须全都准备好，然后再与制作公司碰头协商，这样才能制作出提示性强、有具体内容的网页。

我建议制作网页的公司要经常更换。不能因为熟悉、适应了就一直用下去，互相能给对方带来刺激、互相都能产生紧张感，一起切磋琢磨，才能制作出高质量的网页。

后记

经营、促销方面的烦恼，是穷尽一生也解决不完的问题。

只要有“我想要多卖点”的想法，问题就会一个接一个地出现，而且问题的难度还会不断升级，阻碍我们工作的进展。

刚成为营销顾问的时候，有一段时期，我曾经非常烦恼：“为什么咨询我的全都是一些稀奇古怪的问题？”但是，冷静下来以后，我就想通了——之所以会咨询我这些稀奇古怪的问题，是因为解决这些稀奇古怪的问题就是我的工作，既然是我的工作，那么一切都是理所当然的了。当然，意识到这一点也是后来的事情。

健康的人不会去医院。

情况好的汽车，不需要送去维修。

没有麻烦的人，不会去找律师。

总而言之，必须经常面对“难以解决的重大问题”，就是我所从事的“营销顾问”工作的本质。

和大家一样，只要我这辈子一直干这份工作，恐怕就要永远和这些棘手的、让人头疼的“烦恼”打交道。

今后，我也会像本书中谈到的那样，对于促销现场出现的各种“烦恼”：，全心全力加以指导。

虽然咨询实行的是价格低廉的会员制，但是工作方面我决对不会偷工减料。我会把自己当作公司的一员，与大家一起面对问题、解决问题，这一点今后也不会改变。

再过几年，当我积累了更多的经验，我希望能够为本书撰写续篇，并且希望能够再次在《日经 MJ》连载。

最后，我想向负责《日经 MJ》连载的、《日经 MJ》编辑部的安部先生、白鸟先生表示衷心的感谢！另外，我也想借此机会，向负责出版本书的、日本经济新闻出版社的野崎先生献上我衷心的谢意。

希望我还能与大家相逢在不同的书籍、不同的报纸、不同的研究会场，期待这一天的到来！

届时，我一定能将大家那些棘手的“烦恼”一扫而光！

竹内谦礼

“服务的细节”系列

《卖得好的陈列》：日本“卖场设计第一人”永岛幸夫

定价：26.00 元

《为何顾客会在店里生气》：家电卖场销售人员必读

定价：26.00 元

《完全餐饮店》：一本旨在长期适用的餐饮店经营实务书

定价：32.00 元

《完全商品陈列 115 例》：畅销的陈列就是将消费心理可视化

定价：30.00 元

《让顾客爱上店铺 1——东急手创馆》：零售业的非一般热销秘诀

定价：29.00 元

《如何让顾客的不满产生利润》：重印 25 次之多的服务学经典著作

定价：29.00 元

《新川服务圣经——餐饮店员工必学的 52 条待客之道》：日本“服务之神”新川义弘亲授服务论

定价：23.00 元

《让顾客爱上店铺 2——三宅一生》：日本最著名奢侈品品牌、时尚设计与商业活动完美平衡的典范

定价：28.00 元

《摸过顾客的脚才能卖对鞋》：你所不知道的服务技巧，鞋子卖场销售的第一本书

定价：22.00 元

《繁荣店的问卷调查术》：成就服务业旺铺的问卷调查术

定价：26.00 元

《菜鸟餐饮店 30 天繁荣记》：帮助无数经营不善的店铺起死回生的日本餐饮第一顾问

定价：28.00 元

《最勾引顾客的招牌》：成功的招牌是最好的营销，好招牌分分钟替你召顾客！

定价：36.00 元

《会切西红柿，就能做餐饮》：没有比餐饮更好做的卖卖！ 饭店经营的“用户体验学”。

定价：28.00 元

《制造型零售业——7-ELEVEn 的服务升级》：看日本人如何将美国人经营破产的便利店打造为全球连锁便利店 NO. 1！

定价：38.00 元

《店铺防盗》：7 大步骤消灭外盗，11 种方法杜绝内盗，最强大店铺防盗书！

定价：28.00 元

《中小企业自媒体集客术》：教你玩转拉动型销售的 7 大自媒体集客工具，让顾客主动找上门！

定价：36.00 元

《敢挑选顾客的店铺才能赚钱》：日本店铺招牌设计第一人亲授打造各行业旺铺的真实成功案例

定价：32.00 元

《餐饮店投诉应对术》：日本 23 家顶级餐饮集团投诉应对标准手册，迄今为止最全面最权威最专业的餐饮业投诉应对书。

定价：28.00 元

《大数据时代的社区小店》：大数据的小店实践先驱者、海尔电器的日本教练传授小店经营的数据之道

定价：28.00 元

《线下体验店》：日本 "体验式销售法" 第一人教你如何赋予 O2O 最完美的着地！

定价：32.00 元

《医患纠纷解决术》：日本医疗服务第一指导书，医院管理层、医疗一线人员必读书！ 医护专业入职必备！

定价：38.00 元

《迪士尼店长心法》：让迪士尼主题乐园里的餐饮店、零售店、酒店的服务成为公认第一的，不是硬件设施，而是店长的思维方式。

定价：28.00 元

《女装经营圣经》：上市一周就登上日本亚马逊畅销榜的女装成功经营学，中文版本终于面世！

定价：36.00 元

《医师接诊艺术》：2 秒速读患者表情，快速建立新赖关系！ 日本国宝级医生日野原重明先生重磅推荐！

定价：36.00 元

《超人气餐饮店促销大全》：图解型最完全实战型促销书，200 个历经检验的餐饮店促销成功案例，全方位深挖能让顾客进店的每一个突破点！

定价：46.80 元

《服务的初心》：服务的对象十人百样，服务的方式千变万化，唯有，初心不改！

定价：39.80 元

《零售现场力》：全世界销售额第一名的三越伊势丹董事长经营思想之集大成，不仅仅是零售业，对整个服务业来说，现场力都是第一要素。

定价：38.00 元

《别人家的店为什么卖得好》：畅销商品、人气旺铺的销售秘密到底在哪里？ 到底应该怎么学？ 人人都能玩得转的超简明 MBA

定价：38.00 元

《顶级销售员做单训练》：世界超级销售员亲述做单心得，亲手培养出数千名优秀销售员！ 日文原版自出版后每月加印 3 次，销售人员做单必备。

定价：38.00 元

《店长手绘 POP 引流术》：专治“顾客门前走，就是不进门“，让你顾客盈门、营业额不断上涨的 POP 引流术！

定价：39.80 元

《不懂大数据，怎么做餐饮？》：餐饮店倒闭的最大原因就是“讨厌数据的糊涂账”经营模式。

定价：38.00 元

《零售店长就该这么干》：电商时代的实体店长自我变革。

定价：38.00 元

《生鲜超市工作手册蔬果篇》：海量图解日本生鲜超市先进管理技能

定价：38.00 元

《生鲜超市工作手册肉禽篇》：海量图解日本生鲜超市先进管理技能

定价：38.00 元

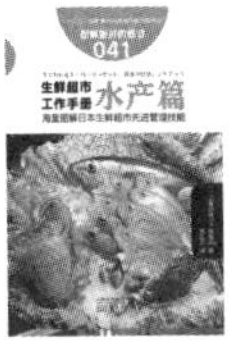

《生鲜超市工作手册水产篇》：海量图解日本生鲜超市先进管理技能

定价：38.00 元

《生鲜超市工作手册日配篇》：海量图解日本生鲜超市先进管理技能

定价：38.00 元

《生鲜超市工作手册副食调料篇》：海量图解日本生鲜超市先进管理技能

定价：48.00 元

《生鲜超市工作手册 POP 篇》：海量图解日本生鲜超市先进管理技能

定价：38.00 元

《日本新干线 7 分钟清扫奇迹》：我们的商品不是清扫，而是“旅途的回忆”

定价：39.80 元

《像顾客一样思考》：不懂你，又怎样搞定你？

定价：38.00 元

《好服务是设计出来的》：设计，是对服务的思考

定价：38.00 元

《让头回客成为回头客》：回头客才是企业持续盈利的基石

定价：38.00 元

《餐饮连锁这样做》：日本餐饮连锁店经营指导第一人

定价：39.00 元

《养老院长的 12 堂管理辅导课》：90%的养老院长管理烦恼在这里都能找到答案

定价：39.80 元

《大数据时代的医疗革命》：不放过每一个数据，不轻视每一个偶然

定价：38.00 元

《如何战胜竞争店》：在众多同类型店铺中脱颖而出

定价：38.00 元

更多本系列精品图书，敬请期待！